냥냥 이랑 **어휘로** **과학** **쏙**

이은경, 박명선 지음

어 휘 연습장

초등 3·1

학교는 재미있는데, 수업 시간은 좀 별로예요. 어렵고, 지루하고, 딱딱하고, 답답해요. 공부하기 싫어서 그런 것만은 아닌 것 같아요. '오늘은 열심히 해봐야지.', '나도 공부 잘하고 싶어.'라고 굳게 결심한 날에도 수업 시간은 여전히 어렵고, 지루하고, 딱딱하고, 답답하거든요.

대체 나는 왜 이럴까요? 혹시 이런 고민해 본 적 있나요?

수업 시간이 지루하고 힘들어서 빨리 끝나기만을 바라는 우리 친구들의 딱한 표정을 안타깝게 바라보던 냥냥이 친구들이 있었어요. 이 친구들이 모두 모여 오랜 시간 고민한 끝에 드디어 그 이유를 찾아냈지요. 범인은 바로, 교과서 속 어휘! 어휘를 모르니 내용을 이해할 수 없는 거였어요.

우리 친구들이 보는 교과서에는 도저히 무슨 뜻인지 알 수 없는 어휘들이 툭툭 자꾸 튀어나와요. 이제 막 공부라는 것에 도전하려는 우리 친구들에게는 교과서 본문 속 어휘들이 너무나 낯설게 느껴졌을 거예요.

어휘의 뜻만 미리 알고 있었다면 척척 이해되고 기억되었을 내용인데, 겨우 그것 때문에 지금껏 교과서와 친구가 되지 못했다니 억울할 지경이에요.

그래서 냥냥이 친구들이 '짠' 하고 이렇게 나타났어요. 공부를 열심히 해서 시험도 백 점 맞고 싶고, 나만의 소중한 꿈도 이루고 싶고, 오래오래 기억될 훌륭한 사람이 되고 싶은 친구들을 위해 꼭 기억해야 할 어휘를 골라 설명해 주고, 숨은그림찾기, 끝말잇기, 색칠하기 등의 여러 가지 활동을 하면 새롭게 알게 된 어휘를 내 것으로 만들어 버릴 수 있어요.

이제 냥냥이가 이끄는 대로 즐겁게 한 발씩 따라가기만 하면 돼요. 그럼 자연스럽게 수업 시간이 만만하고, 즐겁고, 시간이 후딱 지나가는 제법 해볼 만한 도전이 될 거예요.

새롭고 힘찬 새학년의 시작을 응원하며

냥냥이 친구들이 🐾

이 책의 구성과 특징

어휘의 뜻과 초성을 제시하여 공부해야 하는 개념어를 생각하며 학습할 수 있도록 한다.

어휘랑 놀자 07

1. 과학 탐구

어떤 일을 직접 당하기 전에 미리 생각하여 두는 것을 무엇이라고 할까요? 스포츠 경기가 아직 끝나지 않았지만 경기 결과를 ○○해 볼 수 있죠.

| ㅇ | ㅅ | ⇨ | | |

낚시하는 냥냥이

모르냥이 낚시를 하고 있어요. 다음 중 '예상'과 비슷한 말이 써 있는 물고기 어휘를 모두 연결해 주세요.

해당 개념어와 관련된 다양한 형태의 문제를 풀면서 개념어를 재미있고 완벽하게 학습한다.

예측

예술

예견

예민

예절

정답 109쪽

냥냥이에게 옷 입히기

상의에 적힌 어휘를 보고, 어울리는 어휘가 써 있는 하의를 연결해 주세요.

| 예상 | 예상 | 예상이 | 예상과 |

| 다르다 | 문제 | 적중하다 | 점수 |

냥냥이와 문장대결

'예상'이라는 어휘를 넣어 괜찬냥과 문장 대결을 펼쳐 볼까요?

 이번 시험 예상 문제 풀어 봤어?

해당 개념어를 사용한 냥냥이의
문장을 보고, 대결하듯이 나도
한 번 만들어 본다.

차례

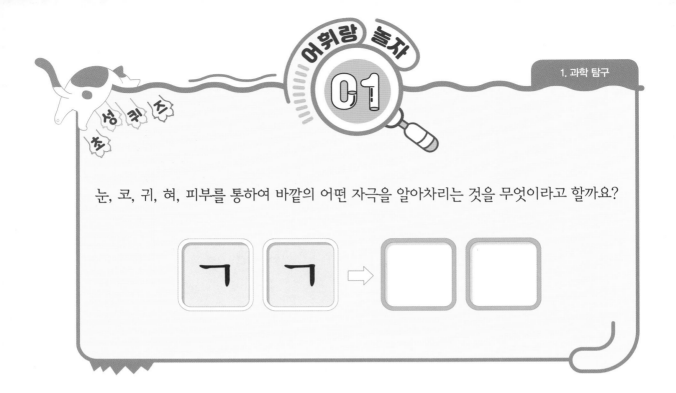

어휘랑 놀자 01

눈, 코, 귀, 혀, 피부를 통하여 바깥의 어떤 자극을 알아차리는 것을 무엇이라고 할까요?

ㄱ ㄱ ➡ ☐ ☐

어휘 퍼즐

다음 글자 판에는 눈, 코, 귀, 혀, 피부를 통하여 자극을 알아차리는 것과 관련된 어휘가 숨어 있어요. 어떤 어휘가 보이나요?(어휘는 가로, 세로, 대각선으로 연결되어 있으며 총 5개예요.)

현	미	각	귀	준	각
갑	소	태	희	촉	명
강	명	검	시	각	코
상	물	사	하	경	입
각	청	소	손	후	공
일	호	수	영	화	각

 선으로 연결하기

🐾 다음 빈칸에 들어갈 알맞은 어휘를 선으로 이어 주세요.

① 개는 (　　　)이/가 발달해서 냄새를 잘 맡는다.　　　　　　　　　　　　　⊙ 후각

② 우리는 (　　　)을/를 통해 사물을 볼 수 있다.　　　　　　　　　　　　　　⊙ 청각

③ 레몬의 새콤한 맛이 (　　　)을/를 자극한다.　　　　　　　　　　　　　　⊙ 시각

④ 그 소리를 듣다니 (　　　)이/가 무척 예민하다.　　　　　　　　　　　　　⊙ 미각

어냥이와 문장대결

🐾 '감각'이라는 어휘를 넣어 어쩌냥과 문장 대결을 펼쳐 볼까요?

 개는 감각 기관 중 코가 발달한 동물이야.

9

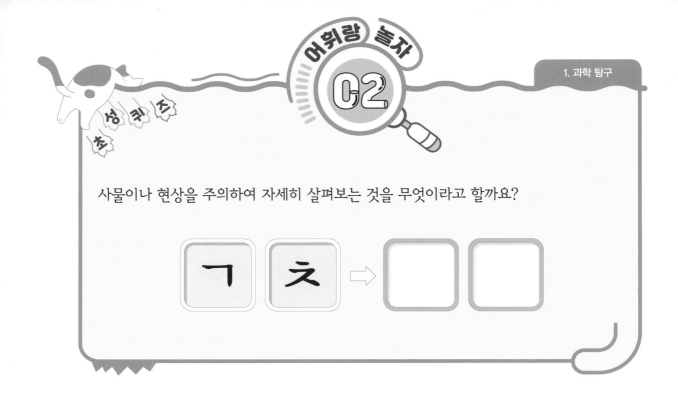

어휘랑 놀자 02

초성 퀴즈

사물이나 현상을 주의하여 자세히 살펴보는 것을 무엇이라고 할까요?

ㄱ ㅊ → □ □

초성 퀴즈

주어진 초성을 보고 어휘 만들기 놀이를 하고 있어요. 친구들의 어휘 실력은 얼마나 풍부한지 알아볼까요? 할 수 있는 만큼 빈칸을 채워 보세요.

고추

김치   ㄱ ㅊ

보물찾기

🐾 냥냥이 친구들이 보물찾기를 하고 있어요. '사물이나 현상을 주의하여 자세히 살펴보는 것'이란 뜻을 가진 어휘를 찾으면 선물을 받을 수 있대요. 선물을 받을 수 있는 냥냥이에게 ○표 하세요.

루페

관찰

돋보기

체험

냥냥이와 문장대결

🐾 '관찰'이라는 어휘를 넣어 모르냥과 문장 대결을 펼쳐 볼까요?

 돋보기나 루페를 이용하면 작은 물체도 잘 관찰할 수 있어.

 _____

어휘랑 놀자 03

기본이 되는 표준을 무엇이라고 할까요? 체육 시간에 줄을 설 때에도 이것이 필요해요.

ㄱ   ㅈ → ☐ ☐

 알맞게 사용한 냥냥이는?

🐾 다음 중 '기준'을 바르게 사용한 냥냥이는 누구인가요?

분류 기준을
세울 때에는
나만 알 수
있으면 돼.

알갓냥

기준과 기도는
비슷한 말이야.

머라냥

키 번호는
키를 기준으로
정하는 거야.

예쁘냥

연필을
분류할 때는
내 마음을
기준으로 해도
괜찮아.

어쩌냥

정답: ☐☐☐

첫말잇기

끝말잇기 말고 첫말잇기 한번 해 볼까요?

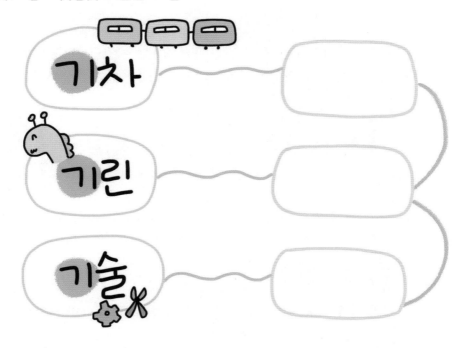
기차

기린

기술

알갓냥이와 문장대결

'기준'이라는 어휘를 넣어 알갓냥과 문장 대결을 펼쳐 볼까요?

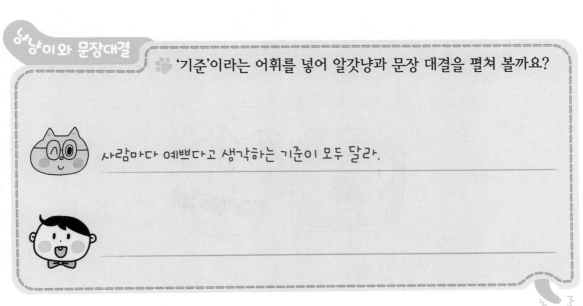
사람마다 예쁘다고 생각하는 기준이 모두 달라.

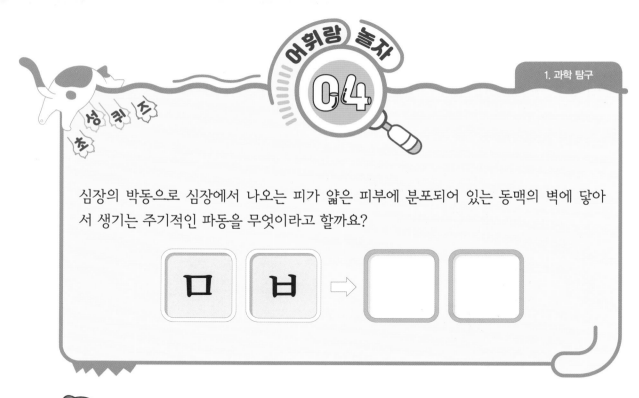

어휘랑 놀자 04

심장의 박동으로 심장에서 나오는 피가 얇은 피부에 분포되어 있는 동맥의 벽에 닿아서 생기는 주기적인 파동을 무엇이라고 할까요?

ㅁ ㅂ ⇒ ☐ ☐

냥냥이의 금고를 열어라

🐾 머라냥이 금고를 열기 위해서는 아래에 놓인 카드들 중 '맥박'에 대한 알맞은 설명이 적혀 있는 카드의 숫자 3개를 입력해야 한대요. 친구들이 머라냥의 소중한 물건이 담긴 금고의 비밀번호를 찾아 주세요.

3	6	9	0
심장이 뛰는 것은 손목에 손가락을 대 보면 느낄 수 있다.	맥박 수를 통해 심장이 뛰는 것을 느끼는 것은 어렵다.	목 옆에 손가락을 대 보면 맥박을 느낄 수 있다.	1분 동안 뛴 맥박 수와 2분 동안 뛴 맥박 수를 측정하면, 3분 동안 뛰는 맥박 수를 예상할 수 있다.

암호: ☐ ☐ ☐

14

줄기를 뜻하는 말 - 맥

🐾 '맥(脈)'은 '줄기'를 뜻하는 말이에요. 맥박과 같이 '맥'이 줄기라는 뜻을 가진 어휘를 더 찾아 볼까요?

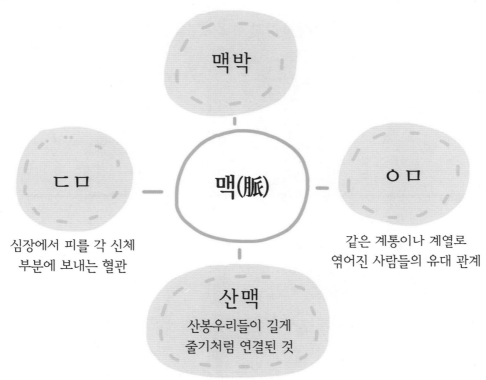

맥박

ㄷㅁ — 맥(脈) — ㅇㅁ

심장에서 피를 각 신체
부분에 보내는 혈관

같은 계통이나 계열로
엮어진 사람들의 유대 관계

산맥
산봉우리들이 길게
줄기처럼 연결된 것

모르냥이와 문장대결

🐾 '맥박'이라는 어휘를 넣어 모르냥과 문장 대결을 펼쳐 볼까요?

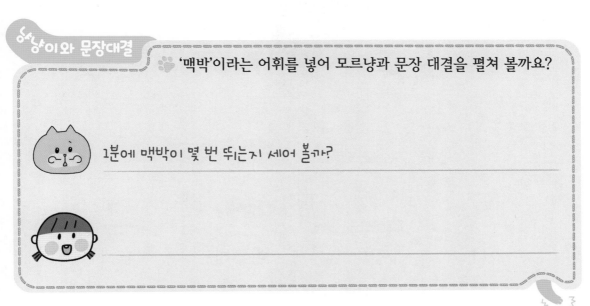

1분에 맥박이 몇 번 뛰는지 세어 볼까?

어휘랑 놀자
05

초성퀴즈

사람이나 짐승, 사물 따위가 모여서 뭉친 한 동아리를 무엇이라고 할까요?

ㅁ ㄹ ⇨ ☐ ☐

어울리는 서술어 찾기

🐾 어휘의 뜻을 생각하며 어울리는 서술어를 모두 찾아 선으로 이어 주세요.

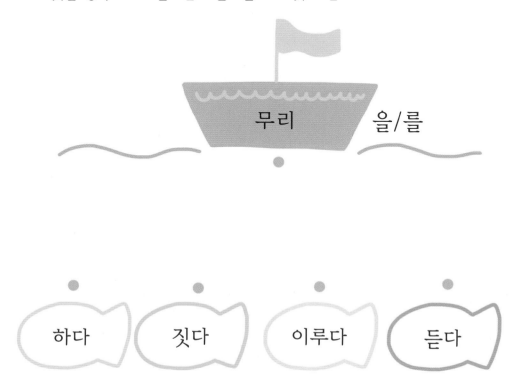

무리   을/를

하다   짓다   이루다   듣다

비슷한 말, 반대말 찾기

다음 중 '무리'와 뜻이 비슷한 어휘는 파란색으로, 뜻이 반대인 어휘는 빨간색으로 색칠
하세요.

 냥이와 문장대결

'무리'라는 어휘를 넣어 예쁘냥과 문장 대결을 펼쳐 볼까요?

초원의 사슴들은 무리를 지어 다녀.

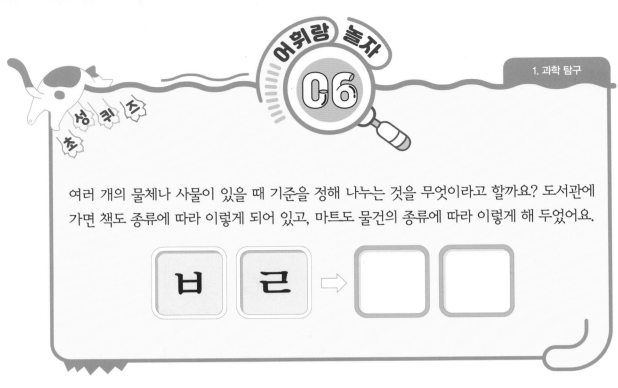

여러 개의 물체나 사물이 있을 때 기준을 정해 나누는 것을 무엇이라고 할까요? 도서관에 가면 책도 종류에 따라 이렇게 되어 있고, 마트도 물건의 종류에 따라 이렇게 해 두었어요.

ㅂ ㄹ ➡ ☐ ☐

 어휘의 활용 알기

🐾 예뽀냥 가방에는 비밀 어휘가 들어 있어요. 이 가방 속 어휘에 대해 바르게 설명한 냥냥 이에 ○표 하세요.

이것과 비슷한 어휘에는 '분수'가 있어.

대상을 관찰하여 특징을 찾을 필요 없이 바로 ○○할 수 있어.

○○수거, ○○배출로 사용하기도 해.

이렇게 하기 위해서는 어떤 기준이 있어야 해.

분류

호응하는 말을 찾아라!

머라냥이 '분류'와 함께 쓰면 어울리는 어휘를 찾고 있어요. 다음 케이크에 쓰여 있는 어휘 중 '분류'와 함께 쓰면 어울리는 것을 찾아 ○표 한 뒤 새로 만든 어휘를 쓰세요.

냥이와 문장대결

'분류'라는 어휘를 넣어 알갓냥과 문장 대결을 펼쳐 볼까요?

영화는 등급에 따라 분류해.

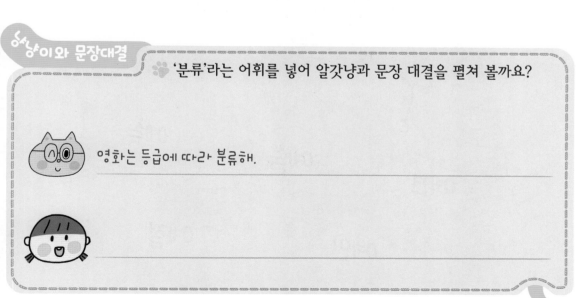

19

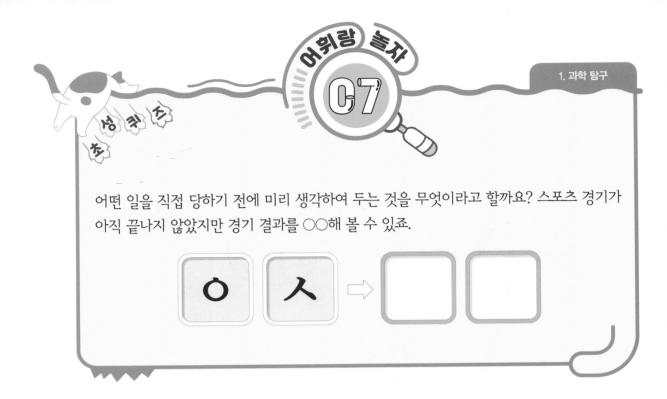

어휘랑 놀자 07

초성 퀴즈

어떤 일을 직접 당하기 전에 미리 생각하여 두는 것을 무엇이라고 할까요? 스포츠 경기가 아직 끝나지 않았지만 경기 결과를 ○○해 볼 수 있죠.

ㅇ ㅅ ⇒ ☐ ☐

낚시하는 냥냥이

🐾 모르냥이 낚시를 하고 있어요. 다음 중 '예상'과 비슷한 말이 써 있는 물고기 어휘를 모두 연결해 주세요.

예측

예술

예견

예민

예절

상의에 적힌 어휘를 보고, 어울리는 어휘가 써 있는 하의를 연결해 주세요.

'예상'이라는 어휘를 넣어 괜찮냥과 문장 대결을 펼쳐 볼까요?

이번 시험 예상 문제 풀어 봤어?

21

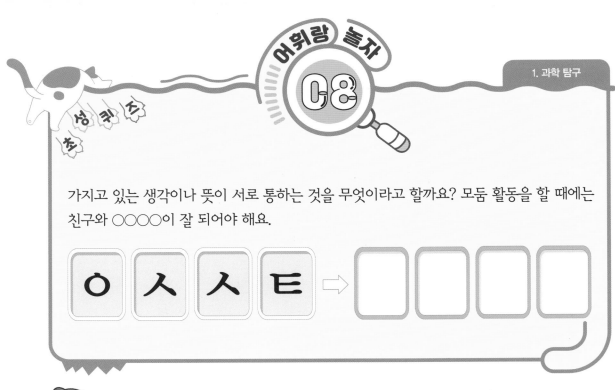

어휘랑 놀자 08

가지고 있는 생각이나 뜻이 서로 통하는 것을 무엇이라고 할까요? 모둠 활동을 할 때에는 친구와 ○○○○이 잘 되어야 해요.

ㅇ ㅅ ㅅ ㅌ ⇒ ☐ ☐ ☐ ☐

친구 집에 가는 냥냥이

🐾 어쩌냥이 머라냥의 집에 가는 길이에요. 가는 길에 쓰여진 문장이 맞는지 확인하며 가 보세요. 머라냥의 집에 도착한 어쩌냥이 갖게 된 ○, ×표는 모두 몇 개인지 쓰세요.

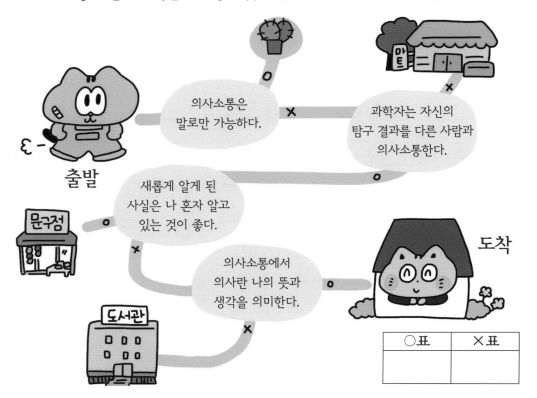

의사소통은 말로만 가능하다.

과학자는 자신의 탐구 결과를 다른 사람과 의사소통한다.

새롭게 알게 된 사실은 나 혼자 알고 있는 것이 좋다.

의사소통에서 의사란 나의 뜻과 생각을 의미한다.

출발

도착

○표	×표

정답 109쪽

사행시 완성하기

친구들의 센스를 알아보는 시간이에요. '의사소통'을 가지고 재미있고, 의미 있는 사행시를
완성해 보세요.

의	
사	
소	
통	

야옹이와 문장대결

'의사소통'이라는 어휘를 넣어 어쩌냥과 문장 대결을 펼쳐 볼까요?

친구들과의 원활한 의사소통을 위해서는 우선 잘 들어야 해.

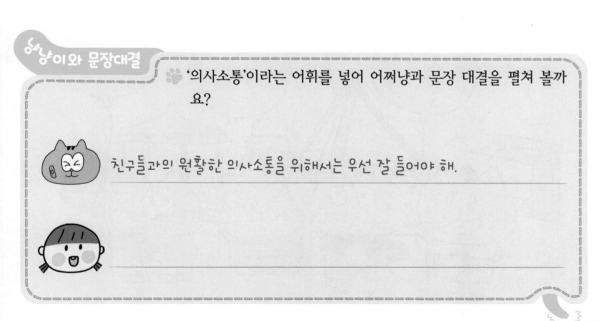

23

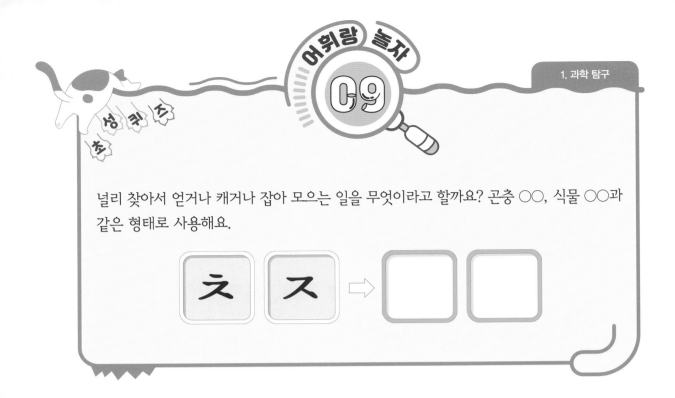

널리 찾아서 얻거나 캐거나 잡아 모으는 일을 무엇이라고 할까요? 곤충 ○○, 식물 ○○과 같은 형태로 사용해요.

ㅊ ㅈ ⇨ ☐ ☐

비슷한 말 찾기

다음 중 '채집'과 비슷한 뜻으로 사용할 수 있는 어휘 풍선에 ○표 하세요.

빵집 수집 새집 고집

끝말잇기

🐾 냥냥이들이 끝말잇기 게임을 하고 있어요. 함께 끝말잇기 한번 해 볼까요?

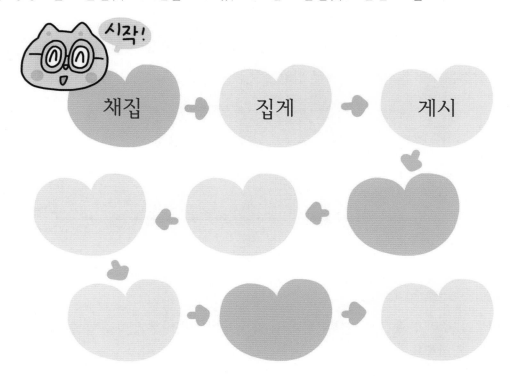

시작!

채집 → 집게 → 게시

냥냥이와 문장대결

'채집'이라는 어휘를 넣어 예쁘냥과 문장 대결을 펼쳐 볼까요?

해녀들이 전복, 굴, 김, 미역 따위를 채집하고 있어.

알고 있는 것을 바탕으로 알지 못하는 것을 미루어서 생각하는 것을 무엇이라고 할까요?
엉덩이 탐정은 주어진 단서를 가지고 범인이 누구일지 ○○해요.

| ㅊ | ㄹ | ⇒ | | |

 어휘의 뜻 짐작하기

🐾 냥냥이들이 '추리'의 뜻을 고민하고 있어요. 각 냥냥이들이 바른 선택을 할 수 있도록 알맞은 것에 색칠하세요.

추리

| 알지 못하는 것을 | 바탕으로 | 알지 못하는 것을 | 미루어 | 생각한다. |
| 알고 있는 것을 | | 알고 있는 것을 | | 행동한다. |

 괜찬냥의 집은 어디일까요?

🐾 다음 단서들을 가지고 괜찬냥의 집이라고 추리한 곳에 표시해 보세요.

1 우리 집 지붕은 빨간색이야.
2 우리 집 앞에는 작은 하천이 있어.
3 우리 집 오른쪽에는 약국과 병원이 있어.
4 우리 집 맞은편에 작은 장난감 가게가 있어.
5 우리 집 왼쪽에는 머라냥이 살고 있어.

냥이와 문장대결

🐾 '추리'라는 어휘를 넣어 머라냥과 문장 대결을 펼쳐 볼까요?

 정확한 추리를 하기 위해서는 많은 정보가 필요해.

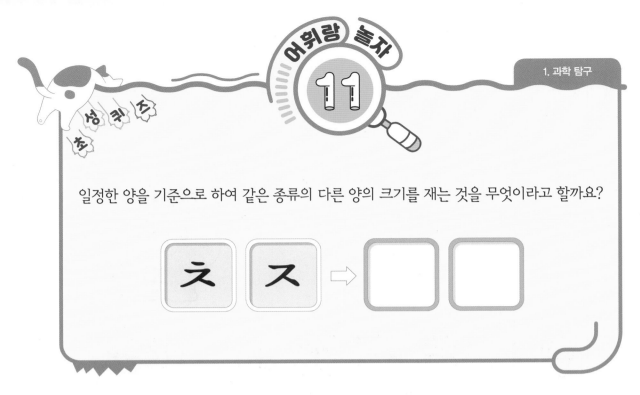

어휘랑 놀자 11

일정한 양을 기준으로 하여 같은 종류의 다른 양의 크기를 재는 것을 무엇이라고 할까요?

ㅊ ㅈ ⇒ ☐ ☐

어울리는 어휘 찾기

🐾 '측정'과 함께 쓸 수 있는 어휘에는 무엇이 있을까요? 다음 비눗방울 중 세 개를 골라 써
보세요. ('○○ 측정'과 같은 형태로 쓰세요.)

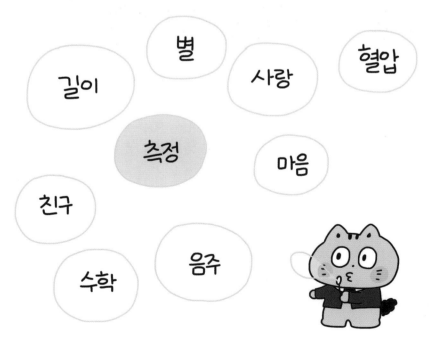

별
사랑
혈압
길이
측정
마음
친구
수학
음주

고른 비눗방울 : _____ , _____ , _____

사다리 완성하기

측정하는 대상과 측정 도구가 서로 맞는 사다리를 만들기 위해 가로줄 하나를 추가하여 사다리를 완성하세요.

연필의 길이 　　나의 체온 　　지우개의 무게

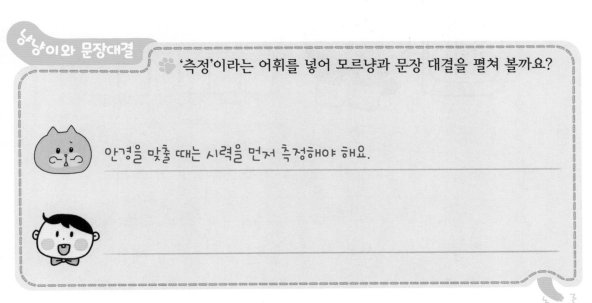

야옹이와 문장대결

'측정'이라는 어휘를 넣어 모르냥과 문장 대결을 펼쳐 볼까요?

안경을 맞출 때는 시력을 먼저 측정해야 해요.

필요한 것을 조사하여 찾아내거나 얻어 내는 것을 무엇이라고 할까요?

ㅌ ㄱ ➡ ☐ ☐

스마트폰의 비밀번호를 풀어라!

🐾 머라냥이 스마트폰의 비밀번호를 잊어버렸다고 해요. 문제를 풀면 비밀번호를 찾을 수 있대요. 머라냥을 도와주세요.

과학적 탐구 과정에 해당하는 것의 번호를 순서대로 적으면 비밀번호가 돼요.

1	2	3	4
관찰	정리	의사소통	추리
5	6	7	8
측정	분류	결정	예상

 어휘 퍼즐

🐾 '탐(探)'은 '찾다'라는 의미가 있어요. 다음 글자 판에 '찾다'의 의미가 있는 어휘 6개와 냥냥이 3마리의 이름이 숨어 있어요. 어떤 어휘와 냥냥이 이름이 보이나요?

사	희	탐	랑	난	색	진
염	탐	산	알	갓	냥	탐
오	르	냥	탐	구	말	과
탐	괜	찬	냥	달	탐	사
우	주	탐	험	성	미	학
태	양	정	랑	향	술	탐

찾은 어휘

냥냥이 이름

 냥이와 문장대결 🐾 '탐구'라는 어휘를 넣어 알갓냥과 문장 대결을 펼쳐 볼까요?

 탐구 과정을 통해 내가 과학자가 된 것 같은 느낌이 들었어.

31

탁한 공기를 맑은 공기로 바꾸는 것을 무엇이라고 할까요?

ㅎ ㄱ → ☐ ☐

같은 어휘, 다른 뜻

🐾 어쩌냥과 예쁘냥이 각각 '환기'라는 어휘를 설명하고 있어요. 각각의 문장은 어떤 냥냥이가 말한 뜻으로 사용되었는지 기호를 쓰세요.

㉠ 주의나 여론, 생각 따위를 불러일으킨다.

㉡ 탁한 공기를 맑은 공기로 바꾼다.

①	통풍과 환기를 좋게 하기 위하여 부엌에 환풍기를 설치하였다.	
②	선생님은 학생들의 흥미를 환기하기 위해 새로운 자료를 보여 주셨다.	
③	학교 폭력의 위험성을 환기할 필요가 있다.	
④	나는 매일 아침 일어나자마자 환기를 위해 창문을 활짝 연다.	

글자 블록 끼우기

🐾 환기의 '환(換)'은 '바꾸다'는 의미가 있어요. 글자 블록을 활용하여 '바꾸다'는 의미로 '환' 자를 사용하는 어휘를 만들어 보세요.

(만든 어휘 :)

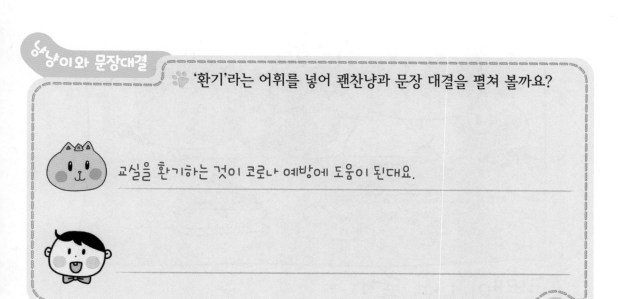

냥냥이와 문장대결

🐾 '환기'라는 어휘를 넣어 괜찬냥과 문장 대결을 펼쳐 볼까요?

교실을 환기하는 것이 코로나 예방에 도움이 된대요.

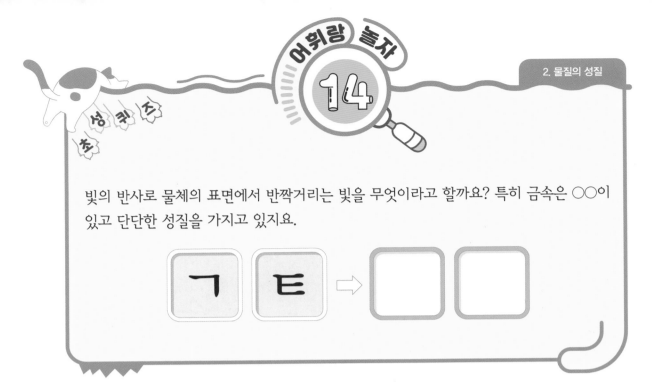

어휘랑 놀자 14

빛의 반사로 물체의 표면에서 반짝거리는 빛을 무엇이라고 할까요? 특히 금속은 ○○이 있고 단단한 성질을 가지고 있지요.

ㄱ ㅌ ⇨ ☐ ☐

숨은그림찾기

🐾 다음 그림에 숨어 있는 광택이 나는 물건 3가지를 찾아 쓰고, 냥냥이 3마리를 찾아 ○표 하세요.

(광택이 나는 물건:)

생일 선물은 뭘까요?

어제는 어쩌냥의 생일이었어요. 어쩌냥이 가족과 친구들에게 받은 생일 선물은 모두 반짝 반짝 광택이 나는 금속 물질이에요. 어쩌냥이 받은 선물을 모두 고르세요.

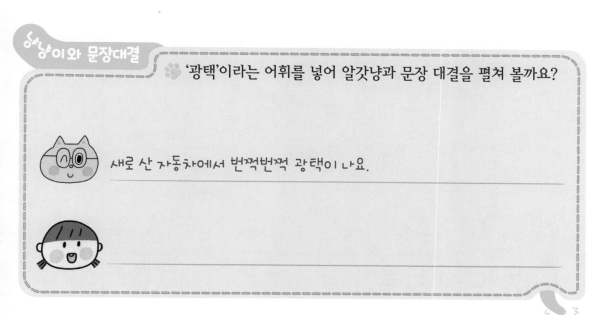

냥이와 문장대결

'광택'이라는 어휘를 넣어 알갓냥과 문장 대결을 펼쳐 볼까요?

새로 산 자동차에서 번쩍번쩍 광택이 나요.

물체의 본바탕을 무엇이라고 할까요? 금속, 플라스틱, 나무, 고무와 같이 물체를 만드는
재료를 말해요.

| ㅁ | ㅈ | → | | |

🔔 사다리 타기

🐾 사다리를 타고 내려간 물질의 성질에 맞게 ○표 하세요.

금속   플라스틱   나무   고무

고유한 무늬가
있고 물에 (뜬다,
가라앉는다).

쉽게 구부러지거나
(늘어난다, 늘어나지
않는다).

광택이
(있고, 없고)
단단하다.

가볍고 다양한
모양을 만들기
(쉽다, 어렵다).

 **어휘의 관계**

🐾 다음 중 물질과 물체의 관계를 말하지 <u>않은</u> 냥냥이는 누구인가요?

금속 : 숟가락

플라스틱 : 레고블럭

고무 : 고무장갑

유리 : 꽃병

나무 : 나무의자

옷 : 인형

 냥이와 문장대결

🐾 '물질'이라는 어휘를 넣어 모르냥과 문장 대결을 펼쳐 볼까요?

풍선, 고무장갑, 고무줄은 모두 고무라는 물질로 만들었어.

어휘랑 놀자 16

초성 퀴즈

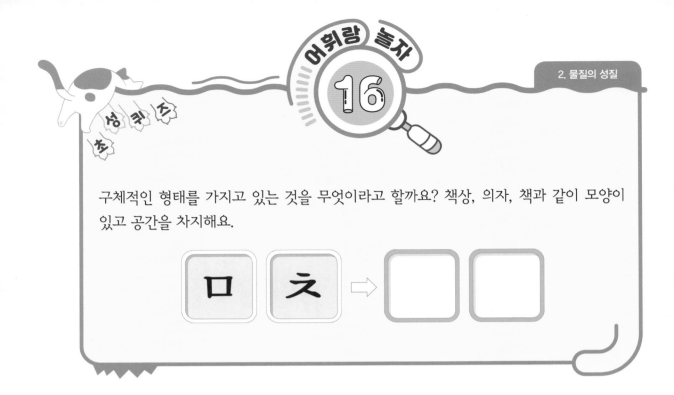

구체적인 형태를 가지고 있는 것을 무엇이라고 할까요? 책상, 의자, 책과 같이 모양이 있고 공간을 차지해요.

ㅁ ㅊ ⇨ ☐ ☐

초성 퀴즈

🐾 냥냥이들끼리 ㅁ ㅊ 으로 시작하는 어휘를 말하고 있어요. 생각이 나지 않는 냥냥이들을 도와줄까요?

무척

마침

멸치

꽃잎 완성하기

'물체'의 뜻이 바르게 적혀 있거나 알맞게 사용된 꽃잎은 빨간색, 그렇지 않은 꽃잎은 분홍색으로 색칠하세요.

고무는 물질,
풍선은 물체이다.

물질을 만드는
재료를 물체라고
한다.

연필, 장난감처럼
모양이 있고 공간을
차지하는 것을
물체라고 한다.

물체

유리컵은 깨지기
쉬운 물체이다.

이쑤시개는 나무로
만든 물질이다.

야옹이와 문장대결

'물체'라는 어휘를 넣어 알갓냥과 문장 대결을 펼쳐 볼까요?

 현미경은 작은 물체를 확대해서 관찰하는 도구야.

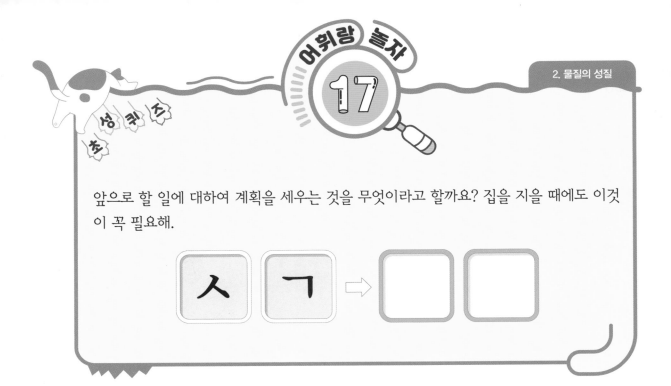

앞으로 할 일에 대하여 계획을 세우는 것을 무엇이라고 할까요? 집을 지을 때에도 이것이 꼭 필요해.

공통 어휘 찾기

🐾 다음의 글에 공통으로 들어갈 알맞은 어휘를 쓰세요.

달에 사람이 살 수 있는 기지를 ㅅㄱ해 봅시다.	물질의 성질을 이용해서 나만의 장난감을 ㅅㄱ해 봅시다.	미래에 내가 살고 싶은 집을 ㅅㄱ해 봅시다.

빈 칸에 들어갈 말

비슷한 말 찾기

🐾 알갓냥은 '설계'와 비슷한 의미를 가진 음식 어휘를 먹고 싶대요. 그 음식을 찾아 ○표 하세요.

야옹이와 문장대결

🐾 '설계'라는 어휘를 넣어 모르냥과 문장 대결을 펼쳐 볼까요?

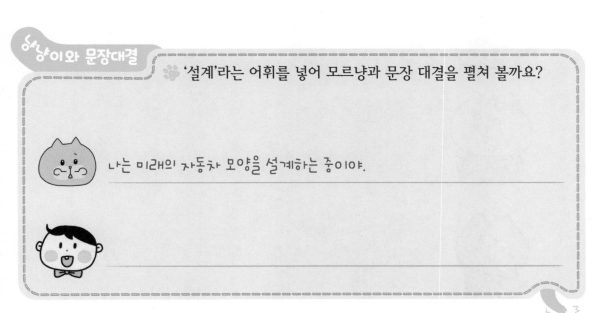

나는 미래의 자동차 모양을 설계하는 중이야.

어휘랑 놀자
18

초성퀴즈

사물이나 현상이 가지고 있는 고유의 특성이나 사람이 지닌 마음의 본바탕을 무엇이라고
할까요? 금속은 단단한 ○○, 고무는 잘 늘어났다가 다시 돌아오는 ○○을 가지고 있어요.

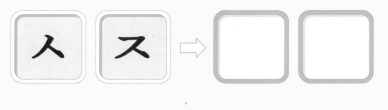

ㅅ ㅈ ⇨ ☐ ☐

 깜빡한 어휘를 찾아라

🐾 냥냥이들이 이야기를 하다가 깜빡 잊어버린 어휘들이 있어요. 문장에 어울리는 어휘를
찾아 줄까요?

유리는 (   )해서
안이 잘 보이고 다른
물체와 부딪치면 잘 깨져.

• 성질

같은 인형이라도
만든 물질에 따라
(   )이/가 달라져.

• 상징

태극기는 우리나라를
(   )하는
국기이다.

• 투명

길 찾기

🐾 어쩌냥이 엄마 심부름으로 두부를 사러 가는 길이에요. 어쩌냥이 두부를 살 수 있는 곳으로 가도록 도와주세요.

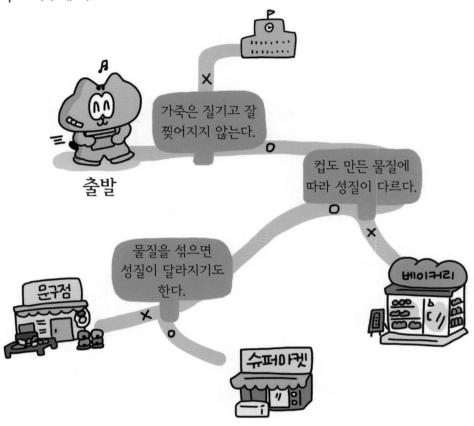

출발

가죽은 질기고 잘 찢어지지 않는다.

컵도 만든 물질에 따라 성질이 다르다.

물질을 섞으면 성질이 달라지기도 한다.

문구점

베이커리

슈퍼마켓

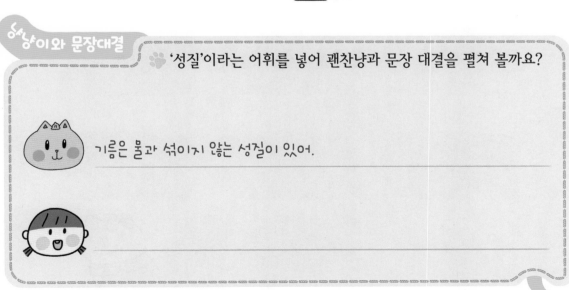

냥이와 문장대결

🐾 '성질'이라는 어휘를 넣어 괜찮냥과 문장 대결을 펼쳐 볼까요?

기름은 물과 섞이지 않는 성질이 있어.

이전 재료에는 없는 뛰어난 특성을 지닌 소재를 통틀어 이르는 말을 무엇이라고 할까요?

중간 말 잇기

끝말잇기 해 본 적 있나요? 이번에는 중간 말을 이어 볼 거예요. 그러기 위해서는 우선 세 글자의 어휘로만 생각해야겠죠?

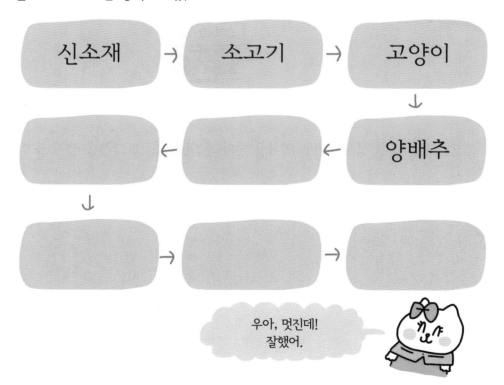

신소재 → 소고기 → 고양이 ↓ 양배추

우아, 멋진데! 잘했어.

 뜻을 더하는 말 – 신

'신(新)'은 '새로운'의 뜻을 가진 덧붙이는 말이에요. '신소재'와 같이 '신' 자가 덧붙여진 말을 더 찾아볼까요?

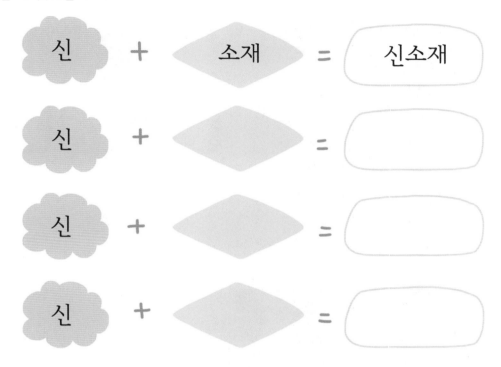

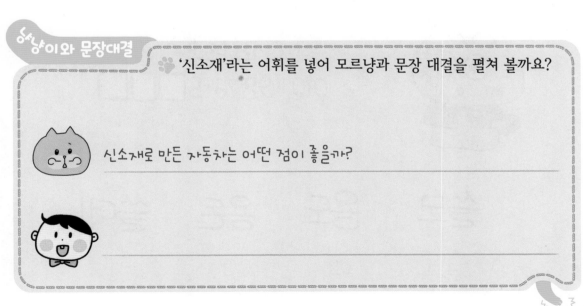

냥이와 문장대결

'신소재'라는 어휘를 넣어 모르냥과 문장 대결을 펼쳐 볼까요?

신소재로 만든 자동차는 어떤 점이 좋을까?

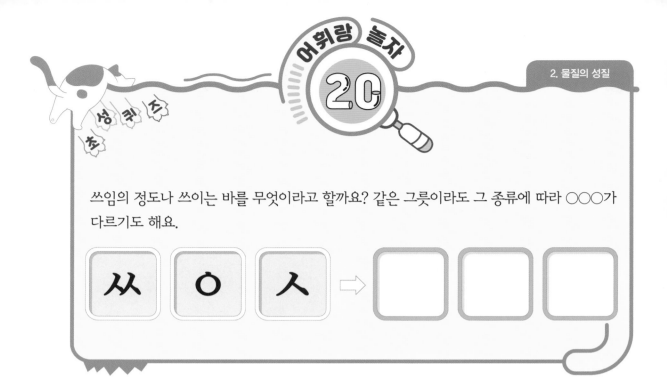

어휘랑 놀자 20

쓰임의 정도나 쓰이는 바를 무엇이라고 할까요? 같은 그릇이라도 그 종류에 따라 ○○○가 다르기도 해요.

| 쓰 | ㅇ | ㅅ | ⇒ | | | |

 휴대 전화번호 뒷자리 알아맞히기

🐾 머라냥이 휴대 전화번호를 알려 주면서 뒷자리 3자리를 알아맞혀 보래요. 머라냥의 전화
번호 뒷자리는 '쓰임새'와 비슷한 뜻으로 사용되는 어휘를 순서대로 적으면 된대요. 문제를
풀고 전화 번호를 찾아 완성해 주세요.

머라냥
010 - 9876 - 5☐☐☐

| 쓸모 | 용도 | 용돈 | 쓸데 |
| 4 | 2 | 3 | 1 |

어휘의 조합

🐾 쓰임새는 '쓰임+새'로 이루어진 어휘예요. '–새'는 모양, 상태, 정도를 나타내므로, 쓰이는 정도나 쓰이는 모양을 뜻하는 말이 돼요. 쓰임새와 같은 원리로 이루어진 어휘를 찾아보세요.

모양		모양새	겉으로 보이는 모양의 상태
생김	+ 새 =		생긴 모양
차림		차림새	차린 모양, 옷이나 물건을 입거나 꾸려서 갖춘 상태
걸음			걷는 모양

야옹이와 문장대결

🐾 '쓰임새'라는 어휘를 넣어 예쁘냥과 문장 대결을 펼쳐 볼까요?

 딸기잼, 딸기 요거트, 딸기 빙수, 딸기 주스처럼 딸기의 쓰임새는 다양해.

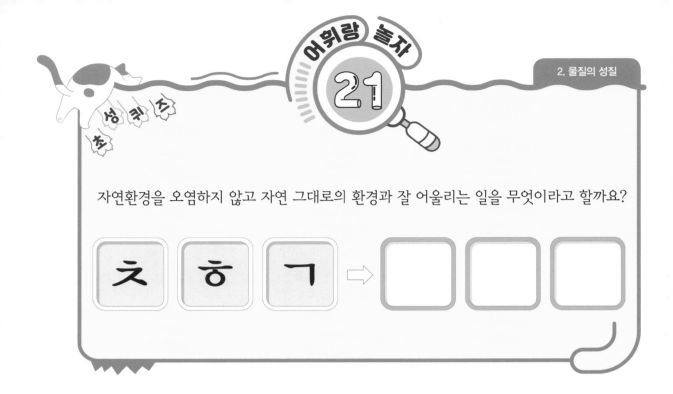

자연환경을 오염하지 않고 자연 그대로의 환경과 잘 어울리는 일을 무엇이라고 할까요?

ㅊ ㅎ ㄱ →

'경' 자로 끝나는 말은?

🐾 "리 리 리 자로 끝나는 말은, 개나리 보따리 대사리 소쿠리 유리 항아리~" 우리 친구들은 '경' 자로 끝나는 말을 찾아볼까요?

배경

변경   친환경   안경

환경

48

어휘의 쓰임 늘리기

풍선 속에 있는 다양한 어휘 중 '친환경'과 함께 쓰면 어울리는 어휘를 골라 오른쪽에 쓰세요.

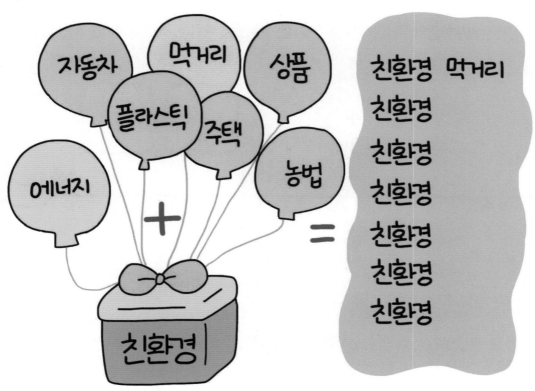

친환경 먹거리
친환경
친환경
친환경
친환경
친환경
친환경

냥이와 문장대결

'친환경'이라는 어휘를 넣어 알갓냥과 문장 대결을 펼쳐 볼까요?

 마트에서 친환경 마크를 찾는 것은 마치 보물찾기를 하는 것 같아.

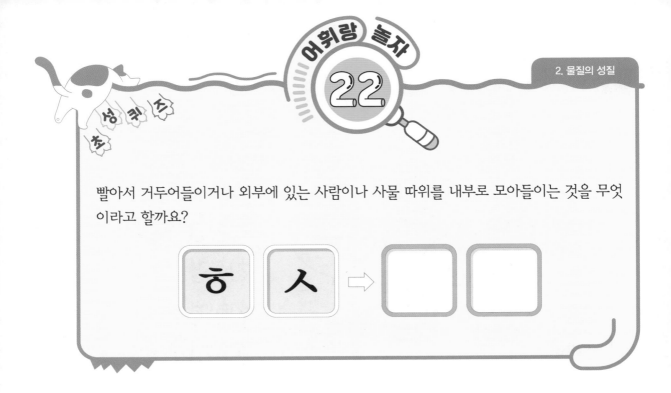

2. 물질의 성질

빨아서 거두어들이거나 외부에 있는 사람이나 사물 따위를 내부로 모아들이는 것을 무엇이라고 할까요?

ㅎ   ㅅ   →   ☐   ☐

 벌집 모양 끝말잇기

🐾 한 줄 끝말잇기만 하면 심심하잖아요. 앞말도 이어 보고, 끝말도 두 개, 세 개씩 이어 볼까요?

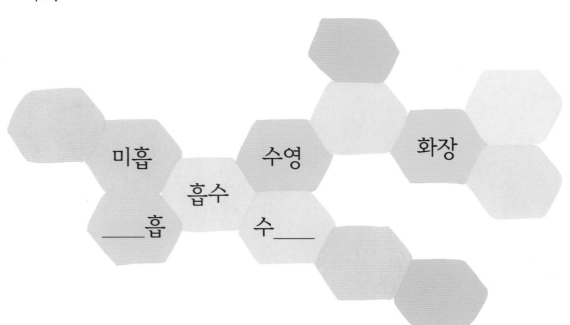

미흡   수영   화장

흡수

___흡   수___

 반대말 찾기

🐾 냥냥이들이 거꾸로 자판기 앞에 있어요. 동전 어휘를 자판기에 넣으면 오른쪽에 그 어휘의
반대말이 나와요. 친구들도 반대말이 궁금한 어휘를 넣어 보세요.

배출

실패

흡수   찬성

🐾 냥냥이와 문장대결

🐾 '흡수'라는 어휘를 넣어 어쩌냥과 문장 대결을 펼쳐 볼까요?

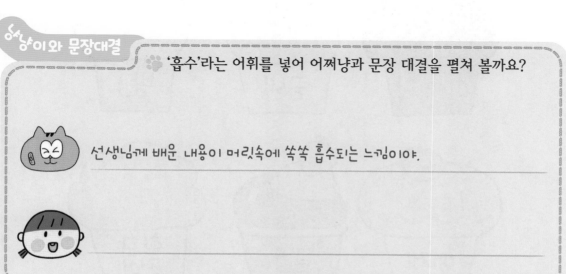

선생님게 배운 내용이 머릿속에 쏙쏙 흡수되는 느낌이야.

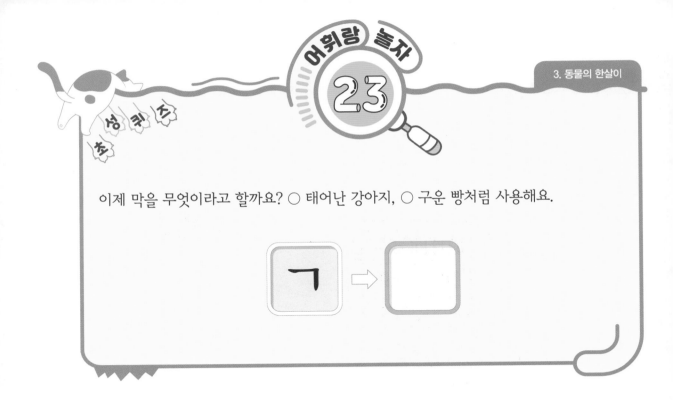

초성퀴즈

어휘랑 놀자

23

이제 막을 무엇이라고 할까요? ○ 태어난 강아지, ○ 구운 빵처럼 사용해요.

ㄱ ⇨ ☐

빵집에 간 냥냥이

다음은 '갓 구워서 나온 빵'이에요. '갓'과 바꾸어 써도 의미가 변하지 않는 빵을 모두 찾아 ○표 하세요.

정답 113쪽

같은 어휘, 다른 뜻

같은 모양이지만 다른 뜻을 가지는 어휘가 있어요. 괜찬냥과 함께 어휘의 뜻을 읽어 보고, 이러한 관계에 있는 어휘를 더 찾아보세요.

갓	갓	갓
조선 시대 남자 어른들이 머리에 쓰던 모자	이제 막	아삭한 식감과 매콤하고 새콤한 맛으로 식욕을 돋우는 채소. 김치로 만들어 먹기도 함

배

다리

냥이와 문장대결

'갓'이라는 어휘를 넣어 모르냥과 문장 대결을 펼쳐 볼까요?

갓 구운 땅콩 냄새는 정말 고소해.

53

어휘랑 놀자 24

나비, 잠자리, 벌 따위와 같이 머리, 가슴, 배의 세 부분으로 되어 있고 몸에 마디가 많은 작은 동물을 무엇이라고 할까요?

ㄱ   ㅊ   ⇒   ☐ ☐

어휘의 포함 관계 알기

🐾 왼쪽 어휘는 오른쪽 어휘를 포함하는 관계에 있어요. 빈칸에 들어갈 알맞은 어휘를 찾아 쓰세요.

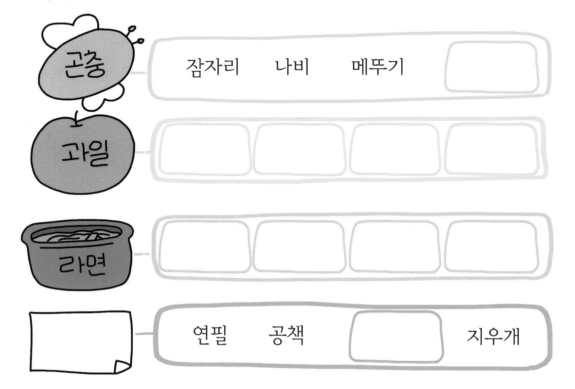

곤충 │ 잠자리   나비   메뚜기   ☐

과일 │ ☐ ☐ ☐ ☐

라면 │ ☐ ☐ ☐ ☐

☐ │ 연필   공책   ☐   지우개

어휘 퍼즐

다음 글자 판에는 번데기의 과정을 거치는 완전 탈바꿈 곤충 3종류와 번데기의 과정을 거치지 않는 불완전 탈바꿈 곤충 3종류가 숨어 있어요. 어떤 곤충이 보이나요?

장	수	풍	뎅	이	고	청	잠
사	하	이	에	나	영	배	자
보	슴	리	메	차	신	추	리
쥐	떼	벌	놀	뚜	공	흰	강
사	마	귀	레	라	기	나	아
용	달	도	서	관	하	비	지

완전 탈바꿈 곤충

불완전 탈바꿈 곤충

양이와 문장대결

'곤충'이라는 어휘를 넣어 머라냥과 문장 대결을 펼쳐 볼까요?

양평에 있는 곤충 박물관에서 사슴벌레 애벌레를 봤어.

어휘랑 놀자 25

그림이나 사진을 모아 실물 대신 볼 수 있도록 엮은 책을 무엇이라고 할까요?

ㄷ ㄱ ➡ ☐ ☐

어휘의 조합

🐾 '도감'에서 '도'는 그림을 뜻하는 말이에요. 그림을 뜻하는 '도' 자가 들어간 어휘를 더 찾아 쓰세요.

도화지

그림을 그리는 데 쓰는 종이

지구 표면의 상태를 일정한 비율로 줄여 나타낸 그림

도로

도감

도형

도로에도 '도' 자가 들어가지만 그림을 뜻하는 말이 아니에요.

그림의 모양이나 형태
예 삼각형, 사각형

또 뭐가 있을까요?

글과 그림으로 표현하여 적거나 인쇄하여 묶어 놓은 것

내 이름을 그림으로 만들어 문서에 찍도록 만든 물건

어휘 연결하기

🐾 '무엇이든 사탕 기계'는 내가 궁금해하는 것을 넣으면 그림으로 볼 수 있는 도감이 되어서 나오는 기계예요. 기계에 넣은 어휘와 기계에서 나온 도감을 찾아 연결해 보세요.

냥이와 문장대결

'도감'이라는 어휘를 넣어 예쁘냥과 문장 대결을 펼쳐 볼까요?

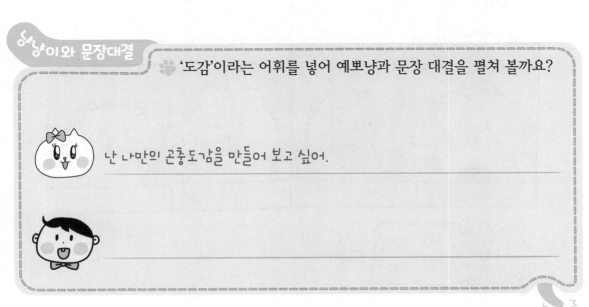

난 나만의 곤충도감을 만들어 보고 싶어.

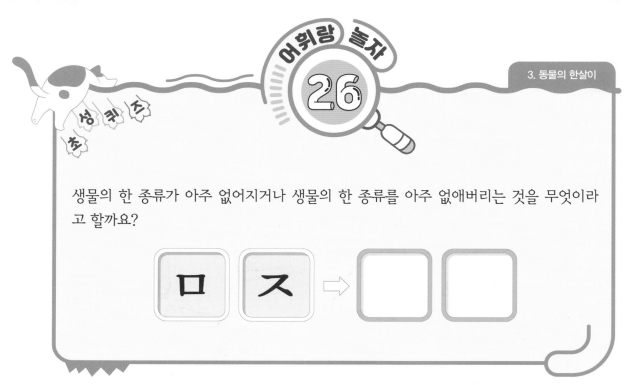

초성퀴즈

생물의 한 종류가 아주 없어지거나 생물의 한 종류를 아주 없애버리는 것을 무엇이라고 할까요?

| ㅁ | ㅈ | ⇨ | | |

멸종 위기 동물을 구해 줘!

어쩌냥은 '멸종 위기 동물 사진전'에 갔어요. 사진전에서 본 동물들이 우리에게 무엇인가를 말하고 있네요. 암호를 연결하여 동물들이 하려는 말을 알아보세요.

| 1. 자이언트 판다 들 | 2. 시베리아호랑이 줘 | 3. 반달가슴곰 도 | 4. 아닥스 구 |
| 5. 황제펭귄 와 | 6. 수달 친 | 7. 북극곰 요 | 8. 원숭이 올빼미 ! |

암호 쪽지
3527 6418 ⇨

58

 비슷한 말 찾기

🐾 다음은 세계자연보전연맹(IUCN)에서 발표한 멸종 위기 동물의 위기 등급을 나타낸 표예요. 이 표를 보고 '멸종'과 비슷한 말을 찾아 쓰세요.

절멸종	자생지 절멸종	심각한 위기종	멸종 위기
EX 약어	EW	CR	EN
마지막 개체가 사망한 사실에 합리적 의심의 여지가 없음	자연 서식지에서 멸종했으며, 인공 시설에서 기르는 개체만 있음	자연 서식지에서 심각하게 높은 멸종 위기인 상태	자연 서식지에서 매우 높은 멸종 위기를 겪은 상태
취약종	위기 근접종 (준위협)	관심 필요종 (최소관심)	기타
VU	NT	LC	DD(정보 부족)
자연 서식지에서 멸종 위기가 다가오는 상태	현재는 CR, EN, VU 등급에 해당하지 않으나 가까운 시일 내로 위기에 처할 우려가 있는 상태	레드 리스트 기준에 따라 평가하였으며, EW~NT에 해당하지 않는 상태. 현재는 위기종이 아님	평가를 하기에 정보가 부족한 상태
			NE(미평가)
			아직 평가 자체를 진행하지 않음

※ IUCN 레드 리스트(https://www.iucnredlist.org)에서는 계속해서 갱신되는 세계 위기 종에 대한 정보를 알기 쉽게 찾아볼 수 있어요.

ㅈ　ㅁ

 알갓냥이와 문장대결

🐾 '멸종'이라는 어휘를 넣어 알갓냥과 문장 대결을 펼쳐 볼까요?

지구에 사는 많은 종류의 생물들이 환경 오염으로 멸종 위기에 처해 있다.

어휘랑 놀자 27

초성퀴즈

생물체의 수나 양이 늘어서 많이 퍼지는 것을 무엇이라고 할까요?

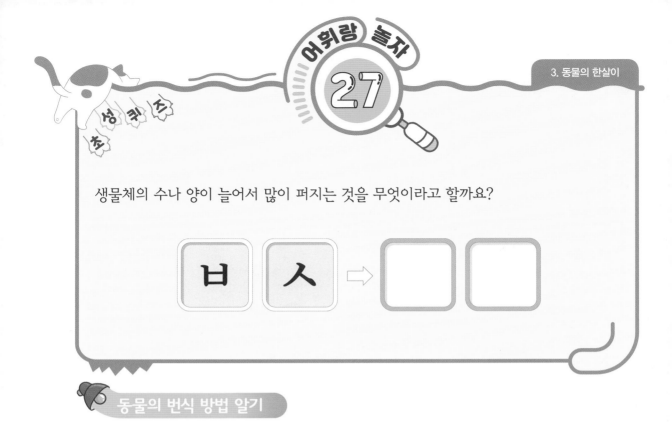

| ㅂ | ㅅ | → | | |

동물의 번식 방법 알기

동물은 알을 낳아 번식하기도 하고 새끼로 자손을 번식하기도 해요. 다음 동물원에 있는 동물 중 알로 번식하는 동물과 새끼로 번식하는 동물을 찾아 알맞은 울타리에 넣어 주세요.

알로 번식하는 동물　　　　새끼로 번식하는 동물

줄줄이 첫말잇기

'번' 자로 시작하는 어휘와 '식' 자로 시작하는 어휘를 이어 가려고 해요. 친구들이 어려워 하는 모르냥을 도와줄까요?

냥이와 문장대결

'번식'이라는 어휘를 넣어 괜찬냥과 문장 대결을 펼쳐 볼까요?

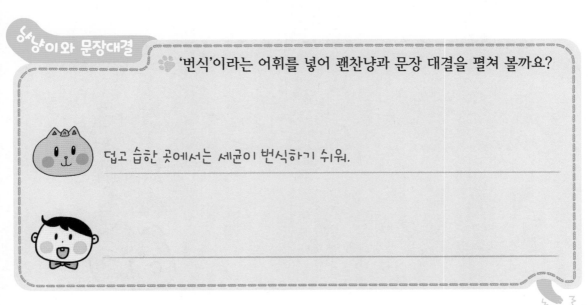

덥고 습한 곳에서는 세균이 번식하기 쉬워.

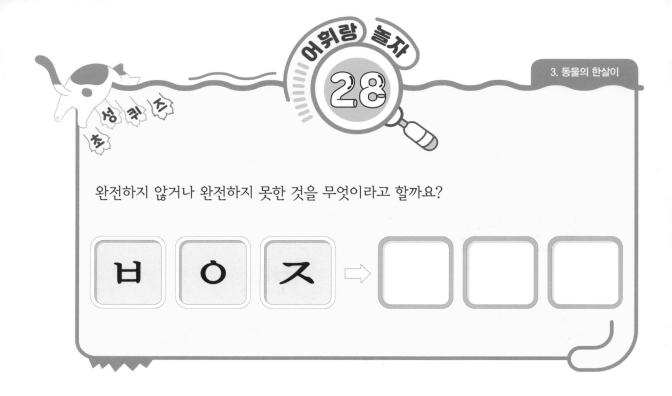

어휘랑 놀자
28

초성 퀴즈

완전하지 않거나 완전하지 못한 것을 무엇이라고 할까요?

ㅂ ㅇ ㅈ → ☐ ☐ ☐

중간 말 잇기

🐾 끝말잇기 해 본 적 있나요? 이번에는 중간 말을 이어 볼 거예요. 그러기 위해서는 우선 세 글자의 어휘로만 생각해야겠죠?

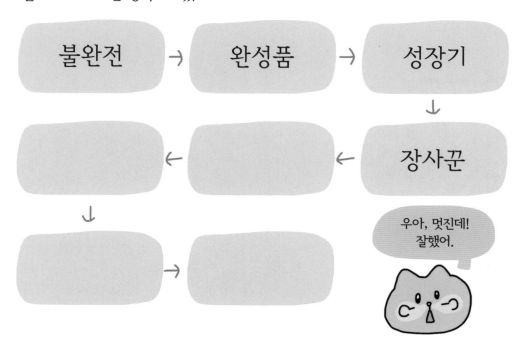

불완전 → 완성품 → 성장기

↓

← ← 장사꾼

↓

→

우아, 멋진데! 잘했어.

 어휘의 조합

🐾 불완전은 '불+완전'으로 이루어진 어휘예요. '불-'은 아님, 아니함, 어긋남을 나타내죠.
'불'과 다른 어휘를 조합하여 새로운 어휘를 만들고, 그 어휘의 뜻을 찾아 써 보세요.

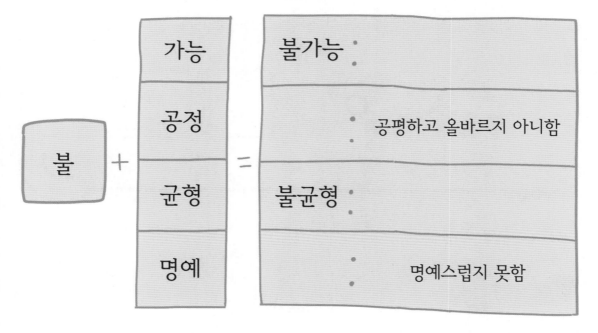

불 +	=
가능	불가능 :
공정	: 공평하고 올바르지 아니함
균형	불균형 :
명예	: 명예스럽지 못함

 이와 문장대결

🐾 '불완전'이라는 어휘를 넣어 머라냥과 문장 대결을 펼쳐 볼까요?

 불완전 탈바꿈은 번데기 단계를 거치지 않고 바로 어른벌레로 성장하는 것을 말해.

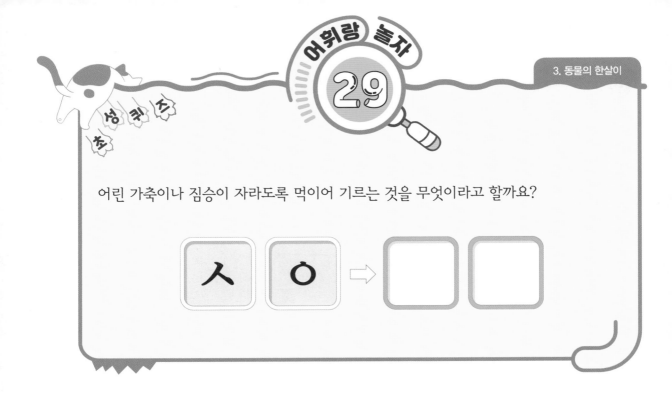

어린 가축이나 짐승이 자라도록 먹이어 기르는 것을 무엇이라고 할까요?

초성 퀴즈

냥냥이들끼리 ㅅ ㅇ 으로 시작하는 어휘를 말하고 있어요. 생각이 나지 않는 냥냥이들을 도와줄까요?

사연

수영

서울

 노트북의 비밀번호를 찾아라!

🐾 어쩌냥의 노트북에는 비밀번호가 걸려 있어요. 다음은 비밀번호를 풀 수 있는 힌트예요. 어쩌냥이 비밀번호를 풀 수 있도록 도와주세요. 바른 설명의 번호를 순서대로 적으면 노트북의 비밀번호래요.

❶ 배추흰나비의 한살이는 사육 상자보다 자연 상태에서 관찰하는 것이 쉽다.

❸ 사육 상자 안에는 휴지에 물을 뿌려 놓아 상자 안이 마르지 않게 한다.

❺ 사육 상자는 방충망을 하여 동물이 바깥으로 나가는 것을 막는다.

❼ 사육 상자 안의 동물을 잘 관찰하기 위해 알이나 애벌레를 만진다.

❾ 맨눈으로 관찰이 어려운 경우 돋보기를 사용하여 관찰한다.

비밀번호 : 　　　　　

 어쩌냥이와 문장대결

🐾 '사육'이라는 어휘를 넣어 어쩌냥과 문장 대결을 펼쳐 볼까요?

 사육 상자를 열어 배추흰나비를 날려 주었어.

어휘랑 놀자
30
초성 퀴즈

암컷과 수컷을 아울러 이르는 말을 무엇이라고 할까요?

ㅇ ㅅ ⇒ ☐ ☐

사다리 타기

냥냥이들이 주스를 마시려고 해요. 그런데 빈칸에 공통으로 들어갈 어휘를 말해야 주스를 마실 수 있대요. 공통 어휘를 찾은 후, 머라냥이 마시게 될 주스 이름에 색칠하세요.

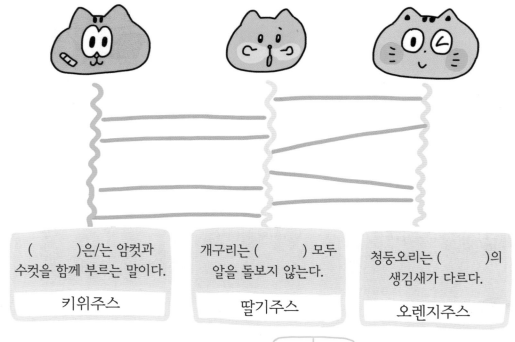

( )은/는 암컷과 수컷을 함께 부르는 말이다.
키위주스

개구리는 ( ) 모두 알을 돌보지 않는다.
딸기주스

청둥오리는 ( )의 생김새가 다르다.
오렌지주스

공통 어휘 : ☐☐

냥냥이와 가위바위보

🐾 예쁘냥과 알갓냥이 가위바위보를 하려고 해요. 두 냥냥이는 다음의 설명 중 맞는 것을 가위바위보에서 낼 수 있어요. 가위바위보에서 이긴 냥냥이에 ○표 하세요.

	✊	장수풍뎅이, 닭은 암컷과 수컷이 잘 구별되는 동물이다. (O, X)
	✌	곰은 암수가 함께 새끼를 돌본다. (O, X)
	✋	무당벌레, 붕어, 개는 암수가 잘 구별되지 않는 동물이다. (O, X)
	✊	닭과 공작은 암컷이 수컷보다 생김새가 더 화려하다. (O, X)

냥냥이와 문장대결

🐾 '암수'라는 어휘를 넣어 괜찬냥과 문장 대결을 펼쳐 볼까요?

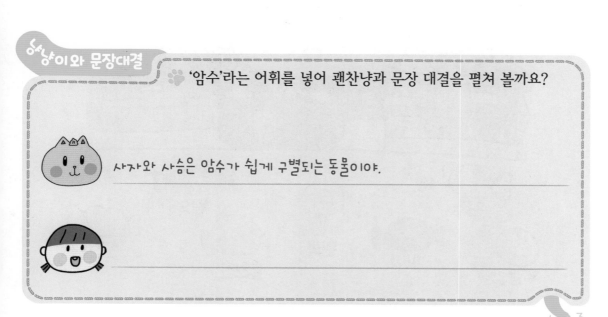

사자와 사슴은 암수가 쉽게 구별되는 동물이야.

어휘랑 놀자
31

초성 퀴즈

필요한 것이 모두 갖추어져 모자람이나 흠이 없음을 무엇이라고 할까요?

ㅇ ㅈ ➡ ☐ ☐

비슷한 말 찾기

🐾 머라냥이 사탕 가게에 갔어요. 머라냥은 모든 사탕이 다 먹고 싶지만 '완전'과 비슷한 의미를
가진 어휘 사탕만 먹을 수 있대요. 머라냥이 먹을 수 있는 사탕을 모두 찾아 ○표 하세요.

완주

우결함

미비

완벽

불완전

완숙

안전

 **끝말잇기**

🐾 냥냥이들이 끝말잇기 게임을 하고 있어요. 함께 끝말잇기 한번 해 볼까요?

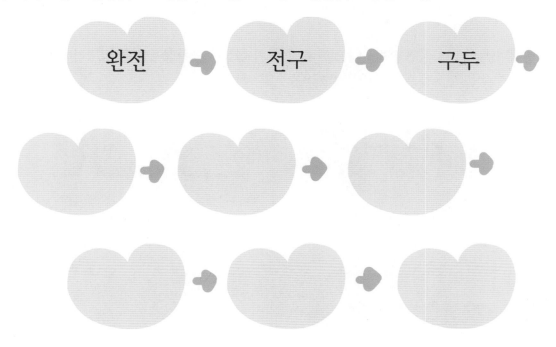

완전 ➡ 전구 ➡ 구두 ➡

냥냥이와 문장대결

🐾 '완전'이라는 어휘를 넣어 알갓냥과 문장 대결을 펼쳐 볼까요?

 다친 부분이 완전하게 나으려면 시간이 좀 걸릴 거야.

어휘랑 놀자 32

원래의 모양이나 형태를 바꾸는 것으로, 동물이 성장하는 과정에서 큰 형태 변화를 거쳐 성체가 되는 현상을 무엇이라고 할까요?

| ㅌ | ㅂ | ㄲ | ⇒ | | | |

 냥냥이와 함께 쿵쿵따 게임

🐾 쿵쿵따 게임 해 본 적 있나요? 세 글자 끝말잇기예요. 앞 냥냥이의 말을 듣고 끝말을 잇는 것인데, 리듬에 맞춰 꼭 세 글자로 이어야 해요. 한번 해 볼까요?

탈바꿈 → 꿈나무 →

회장실 → 쿵쿵따 → → 끝!

70

 글자 조합

🐾 '동물이 성장하는 과정에서 큰 형태 변화를 거쳐 성체가 되는 현상'을 뜻하는 어휘를 만들 수 있는 글자를 각 부분에서 하나씩 찾아 빨간색으로 색칠하고, 아래에 찾은 어휘를 쓰세요.

이와 문장대결

🐾 '탈바꿈'이라는 어휘를 넣어 모르냥과 문장 대결을 펼쳐 볼까요?

 우리 학교의 과학실이 방학 동안 공사를 하여 새로운 모습으로 탈바꿈했어.

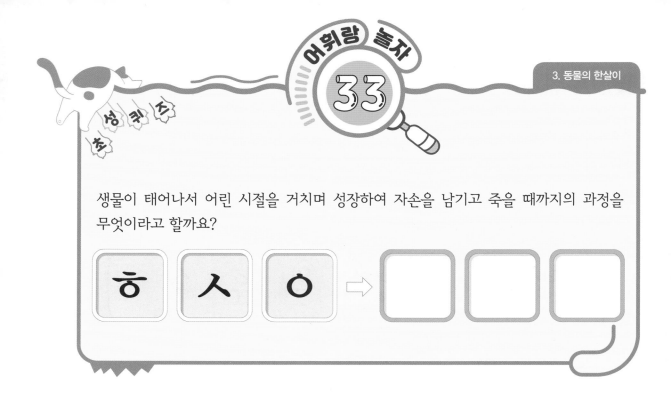

생물이 태어나서 어린 시절을 거치며 성장하여 자손을 남기고 죽을 때까지의 과정을 무엇이라고 할까요?

ㅎ ㅅ ㅇ → ☐ ☐ ☐

삼행시 완성하기

🐾 친구들의 센스를 알아보는 시간이에요. '한살이'를 가지고 재미있고, 의미 있는 삼행시를 완성해 보세요.

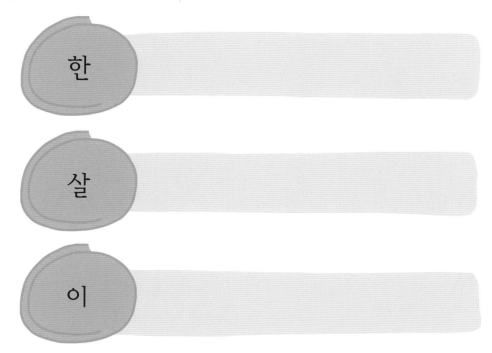

한

살

이

비슷한 말 찾기

알갓냥은 무당벌레 한살이를 배운 후 '한살이'와 비슷한 의미를 가진 어휘가 있는지 궁금했어요. 알갓냥이 모아 놓은 어휘 중 '한살이' 대신 사용할 수 있는 어휘를 모두 고르세요.

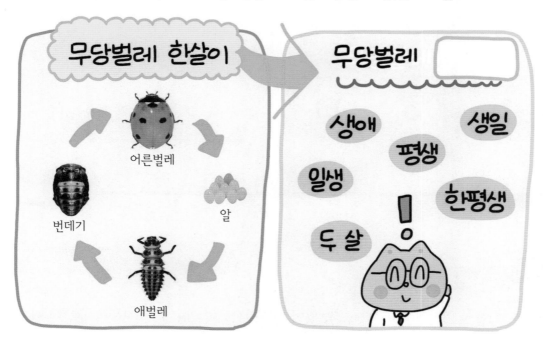

무당벌레 한살이

어른벌레

번데기

애벌레

알

무당벌레

생애   생일
    평생
일생   한평생
두살

머라냥이와 문장대결

'한살이'라는 어휘를 넣어 머라냥과 문장 대결을 펼쳐 볼까요?

동물은 새끼를 낳거나 알을 낳는 방법으로 한살이 과정을 이어 가.

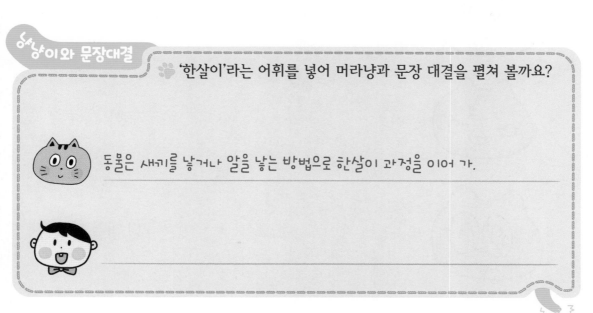

파충류나 곤충류 따위가 자라면서 벗는 껍질을 무엇이라고 할까요?

ㅎ ㅁ ⇒ ☐ ☐

 깜빡한 어휘를 찾아라

🐾 냥냥이들이 이야기를 하다가 깜빡 잊어버린 어휘들이 있어요. 친구들이 문장에 어울리는 어휘를 찾아 줄까요?

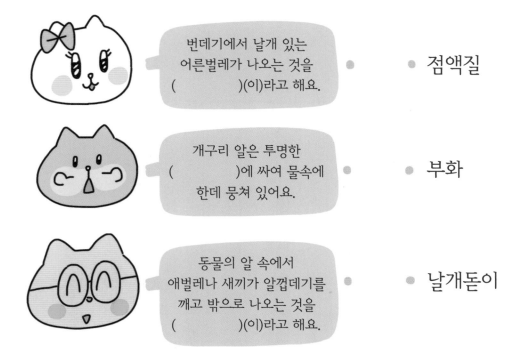

번데기에서 날개 있는 어른벌레가 나오는 것을 ( )(이)라고 해요. • • 점액질

개구리 알은 투명한 ( )에 싸여 물속에 한데 뭉쳐 있어요. • • 부화

동물의 알 속에서 애벌레나 새끼가 알껍데기를 깨고 밖으로 나오는 것을 ( )(이)라고 해요. • • 날개돋이

같은 어휘, 다른 뜻

머라냥과 괜찮냥이 각각 '허물'이라는 어휘를 설명하고 있어요. 각각의 문장에 어떤 냥냥이가 말한 뜻으로 사용되었는지 기호를 쓰세요.

ㄱ 잘못 저지른 실수

ㄴ 파충류나 곤충류 따위가 자라면서 벗는 껍질

(1) 우리는 남의 허물을 너그럽게 용서할 줄 알아야 한다.	
(2) 언니가 벗어서 던져 놓은 옷이 허물처럼 놓여 있다.	
(3) 번데기가 허물을 벗고 나비가 되었다.	
(4) 지금은 서로의 허물을 탓할 때가 아니다.	

냥냥이와 문장대결

'허물'이라는 어휘를 넣어 어쩌냥과 문장 대결을 펼쳐 볼까요?

 매미가 허물을 벗어 나뭇가지 위에 올려놓았어.

한번 정한 대로 변경하지 아니하거나 한곳에 꼭 붙어 있게 하는 것을 무엇이라고 할까요?

ㄱ ㅈ ⇒ ☐ ☐

한 줄 끝말잇기만 하면 심심하잖아요. 앞말도 이어 보고, 끝말도 두 개, 세 개씩 이어 볼까요?

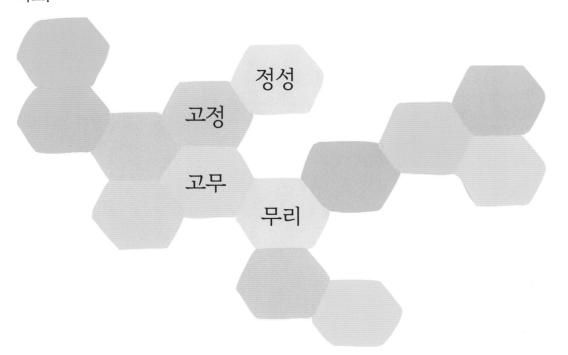

76

공통 어휘 찾기

🐾 다음 문장에 공통으로 들어갈 알맞은 어휘를 쓰고, 그 어휘의 뜻을 짐작하여 선으로 이어 주세요.

아빠는 흔들리는 의자에 못을 박아서 ㄱㅈ 했다.

간호사는 부러진 팔을 ㄱㅈ 하기 위해 부목을 댔다.

맛있는 음식에 시선을 ㄱㅈ 한 채 이야기했다.

움직이 •	• 고 •	• 못하게 하다.
말하 •	• 지 •	• 싶다.
붙 •	• 면 •	• 안 된다.

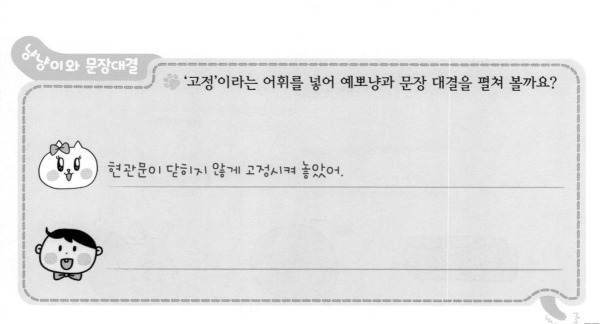

냥이와 문장대결

🐾 '고정'이라는 어휘를 넣어 예쁘냥과 문장 대결을 펼쳐 볼까요?

현관문이 닫히지 않게 고정시켜 놓았어.

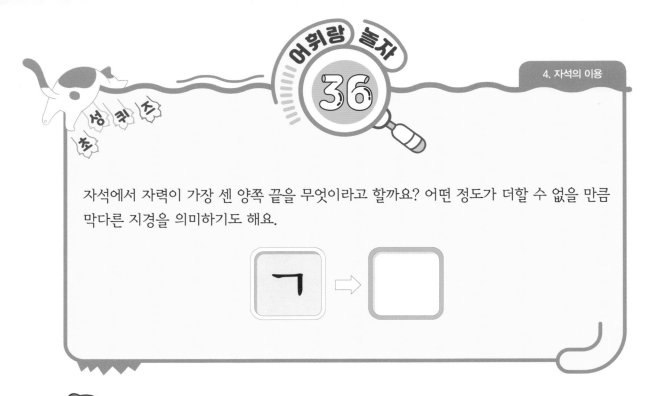

어휘랑 놀자
36

초성 퀴즈

자석에서 자력이 가장 센 양쪽 끝을 무엇이라고 할까요? 어떤 정도가 더할 수 없을 만큼 막다른 지경을 의미하기도 해요.

ㄱ ➡

같은 어휘, 다른 뜻

🐾 다음은 모두 '극'에 대한 여러 가지 뜻이에요. 사다리를 타고 내려가서 도착한 곳의 그림은 어떤 '극'인지 알아볼까요?

자석에서 자력이 가장 센 양쪽 끝

어떤 정도가 더할 수 없을 만큼 막다른 지경

지축의 양쪽 끝

어휘 퍼즐

🐾 다음 글자 판에는 '극'과 같이 'ㄱ 받침'이 들어간 어휘가 숨어 있어요. 받침에 'ㄱ'이 들어 간 어휘를 모두 찾아 색칠하세요.

소	카	놀	라	유	고	청
상	드	지	각	역	영	화
생	라	디	오	사	신	버
쥐	학	교	책	박	수	원
드	레	스	어	그	컵	달
용	달	숙	제	과	하	지
사	말	향	다	학	교	구

 어냥이와 문장대결

🐾 '극'이라는 어휘를 넣어 어쩌냥과 문장 대결을 펼쳐 볼까요?

 막대자석은 자석의 양 끝에 극이 있어.

79

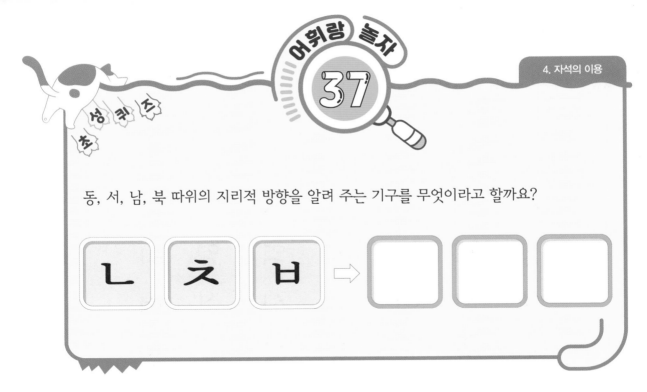

어휘랑 놀자 37

동, 서, 남, 북 따위의 지리적 방향을 알려 주는 기구를 무엇이라고 할까요?

ㄴ ㅊ ㅂ ⇨ ☐ ☐ ☐

열기구 색칠하기

🐾 다음 중 바른 내용이 적혀 있는 열기구만 뜰 수 있대요. 뜰 수 있는 열기구를 찾아 모두 색칠하세요.

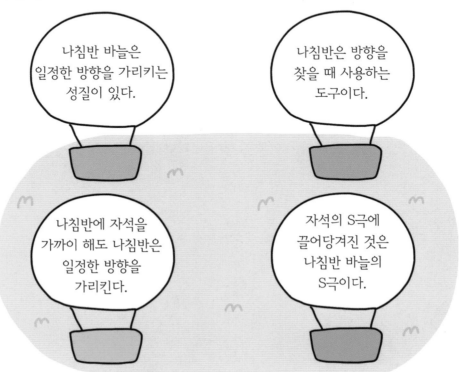

나침반 바늘은 일정한 방향을 가리키는 성질이 있다.

나침반은 방향을 찾을 때 사용하는 도구이다.

나침반에 자석을 가까이 해도 나침반은 일정한 방향을 가리킨다.

자석의 S극에 끌어당겨진 것은 나침반 바늘의 S극이다.

정답 116쪽

🐾 쿵쿵따 게임 해 본 적 있나요? 세 글자 끝말잇기예요. 앞 냥냥이의 말을 듣고 끝말을 잇는 것인데, 리듬에 맞춰 꼭 세 글자로 이어야 해요. 한번 해 볼까요?

'나침반'이라는 어휘를 넣어 머라냥과 문장 대결을 펼쳐 볼까요?

 바다를 향해할 때 나침반으로 방향을 찾는 것은 무척 중요해.

무엇을 자르거나 깎는 데 쓰는 가위나 칼 따위의 도구에서 가장 얇고 날카로운 부분을 무엇이라고 할까요?

ㄴ ➡️

축구공을 찾아라

🐾 어쩌냥이 운동장에서 공놀이를 하고 있어요. 공에 쓰여진 문장의 '날'은 보기 의 어떤 뜻으로 쓰인 것인지 기호를 쓰세요.

보기
㉠ '나를'의 줄임 말
㉡ 무엇을 자르거나 깎는 데 쓰는 도구에서 가장 얇고 날카로운 부분
㉢ 하루, 이틀처럼 지구가 한 번 자전하는 동안을 세는 단위
㉣ 익숙해진 버릇이나 행동

코피가
날 것 같아.

날이 갈수록
우리의 우정이
깊어진다.

귀찮게
하지 말고 날
내버려둬.

가위 날이
날카롭다.

날이
따뜻하다.

냥냥이에게 옷 입히기

다음 냥냥이들이 복장에 어울리는 신발을 신을 수 있도록 연결하여, '날'이 사용된 문장을 완성해 주세요.

칼   날이   날을   날

날   카롭다   무디다   갈다

냥냥이와 문장대결

'날'이라는 어휘를 넣어 괜찬냥과 문장 대결을 펼쳐 볼까요?

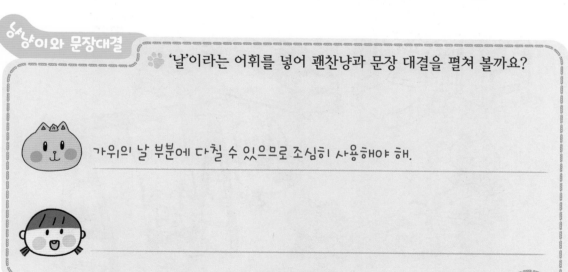

가위의 날 부분에 다칠 수 있으므로 조심히 사용해야 해.

어휘랑 놀자
39

최성퀴즈

모자라거나 부족한 것을 보충하여 완전하게 하는 것을 무엇이라고 할까요?

| ㅂ | ㅇ | ⇒ | | |

비슷한 말 찾기

🐾 놀이터 곳곳에 어휘들이 숨어 있어요. '보완'과 비슷한 말을 찾아 ○표 하세요.

냥냥이들끼리 ㅂ ㅇ 으로 시작하는 어휘를 말하고 있어요. 생각이 나지 않는 냥냥이들을 도와줄까요?

바위

병원

배웅

냥냥이와 문장대결

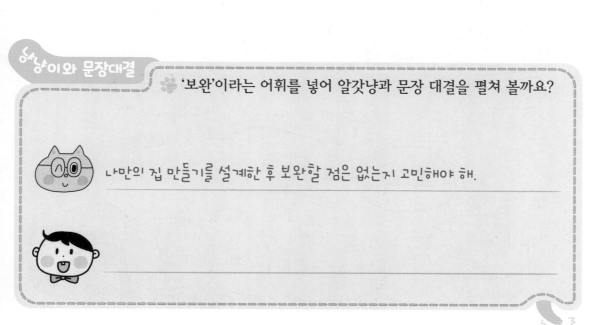

'보완'이라는 어휘를 넣어 알갓냥과 문장 대결을 펼쳐 볼까요?

나만의 집 만들기를 설계한 후 보완할 점은 없는지 고민해야 해.

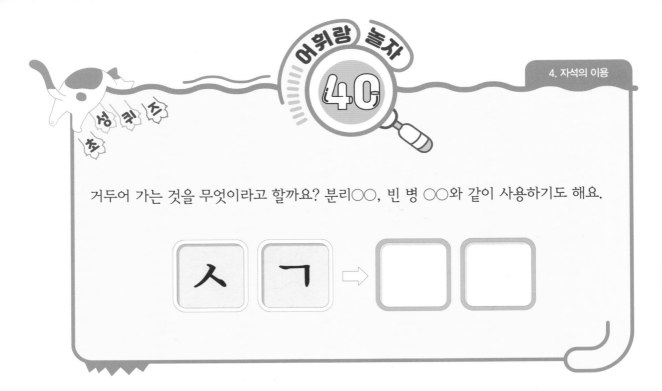

거두어 가는 것을 무엇이라고 할까요? 분리○○, 빈 병 ○○와 같이 사용하기도 해요.

끝말잇기

다음 돌다리는 끝말을 이으면서 건너는 다리예요. 돌다리에 쓰여진 어휘를 보면서 끝말 잇기 한번 해 볼까요?

어휘의 쓰임 늘리기

왼쪽의 연필꽂이에 있는 다양한 어휘 중 '수거'와 함께 쓰면 어울리는 어휘를 골라 오른쪽 필통에 써 주세요.

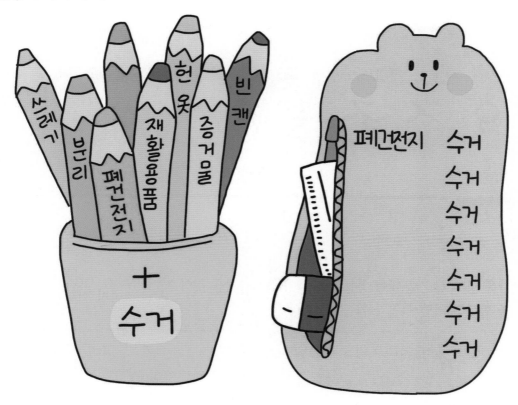

냥이와 문장대결

'수거'라는 어휘를 넣어 예쁘냥과 문장 대결을 펼쳐 볼까요?

 재활용품을 수거하여 남긴 수입금은 불우이웃 돕기에 기부하였어.

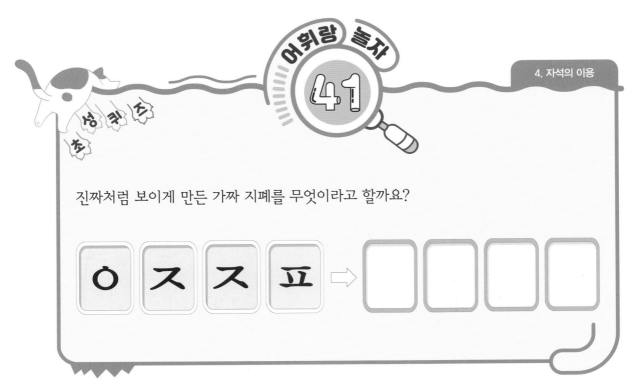

어휘랑 놀자 41

진짜처럼 보이게 만든 가짜 지폐를 무엇이라고 할까요?

ㅇ ㅈ ㅈ ㅍ ⇒ ☐ ☐ ☐ ☐

공통 글자 찾기

🐾 다음 빙고 칸 가운데에 공통으로 들어가는 글자를 찾아 적어 주세요. 그리고 각각의 글자를 합하면 어떤 어휘가 되는지 쓰세요.

방위	위도	위치
위험		범위
가위	바위	더위

협조	조끼	조립
제조		조용
강조	조금	창조

지도	편지	돼지
지난주		지금
지우개	아버지	가지

폐렴	밀폐	철폐
폐교		폐기
폐지	화폐	은폐

☐ ☐ ☐ ☐

88

색칠하기

😺 '진짜처럼 보이게 만든 가짜 지폐'라는 뜻을 가진 어휘가 다음 그림에 숨어 있어요. 해당되
는 글자가 들어 있는 칸을 노란색으로 칠하면 나타나는 모양은 무엇인가요?

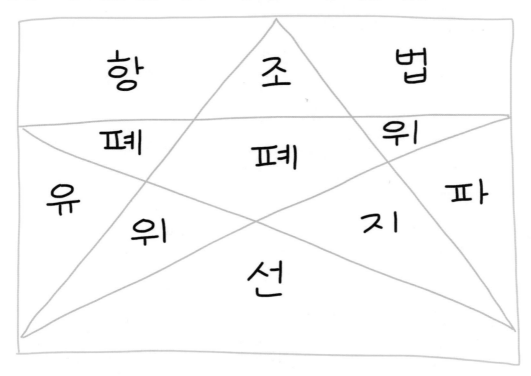

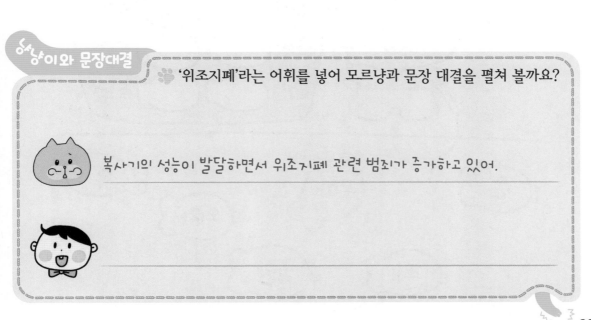

고양이와 문장대결

😺 '위조지폐'라는 어휘를 넣어 모르냥과 문장 대결을 펼쳐 볼까요?

복사기의 성능이 발달하면서 위조지폐 관련 범죄가 증가하고 있어.

초성퀴즈

어떤 것을 축으로 물체 자체가 빙빙 도는 것을 무엇이라고 할까요? 어떤 물체를 중심으로 하여 그 주위를 빙빙 도는 것을 의미해요.

ㅎ ㅈ ➡ ☐ ☐

낚시하는 냥냥이

🐾 괜찬냥이 낚시를 하고 있어요. 다음 물고기 중 '회전'과 함께 사용할 수 있는 물고기 어휘를 잡아 바구니에 담으세요.

 '전' 자로 끝나는 말은?

"리 리 리 자로 끝나는 말은, 개나리 보따리 대사리 소쿠리 유리 항아리~" 우리 친구들은 '전' 자로 끝나는 말을 찾아볼까요?

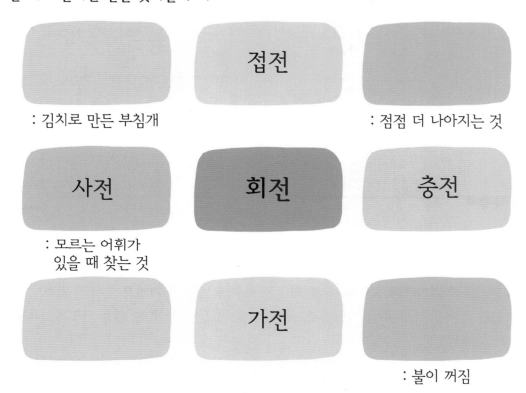

접전

: 김치로 만든 부침개   : 점점 더 나아지는 것

사전   회전   충전

: 모르는 어휘가
  있을 때 찾는 것

가전

: 불이 꺼짐

어냥이와 문장대결

'회전'이라는 어휘를 넣어 어쩌냥과 문장 대결을 펼쳐 볼까요?

바퀴가 회전하는 모습을 보고 있었더니 어지러워.

91

초성 퀴즈

온전하게 보호하여 유지하는 것을 무엇이라고 할까요?

ㅂ ㅈ → ☐ ☐

비슷한 말 찾기

알갓냥이 과일 가게에 갔어요. 모든 과일을 다 사고 싶지만 가지고 있는 돈으로는 '보전'과 비슷한 의미를 가진 과일 어휘만 살 수 있대요. 알갓냥이 살 수 있는 과일을 3가지 찾아 ○표 하세요.

보수   보통   보물   보호

유지   보존   발전

어휘 꽃바구니 만들기

🐾 '보' 자가 들어가는 어휘와 '존' 자가 들어가는 어휘를 찾아 꽃바구니를 완성하려고 해요. 친구들이 어려워하는 예쁘냥을 도와줄까요?

냥이와 문장대결

🐾 '보전'이라는 어휘를 넣어 괜찬냥과 문장 대결을 펼쳐 볼까요?

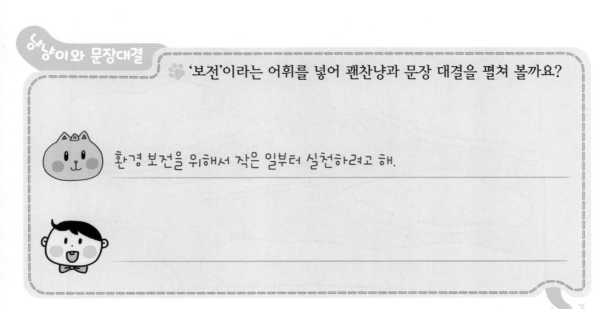

환경 보전을 위해서 작은 일부터 실천하려고 해.

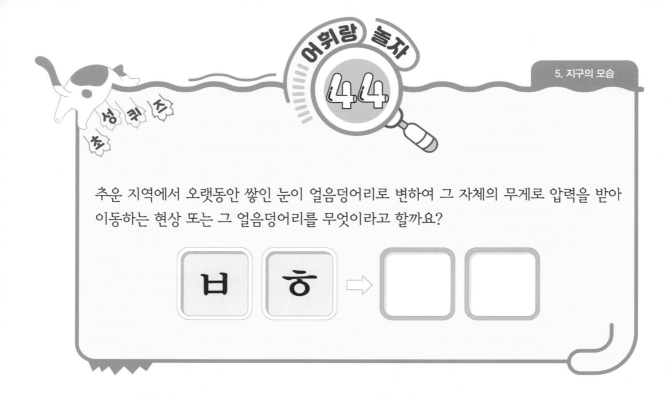

추운 지역에서 오랫동안 쌓인 눈이 얼음덩어리로 변하여 그 자체의 무게로 압력을 받아 이동하는 현상 또는 그 얼음덩어리를 무엇이라고 할까요?

| ㅂ | ㅎ | ⇨ | | |

북극곰을 구하라

다음의 빙하 위에 써진 설명 중 바른 것을 밟아야 깨지지 않는대요. 북극곰이 안전하게 밟을 수 있는 빙하에 색칠해 주세요.

기온 상승으로 빙하가 녹아 해안선에도 변동을 준다.

빙하는 우리나라에서 볼 수 있다.

지구 표면에는 산, 들, 강, 바다, 사막, 빙하가 있다.

빙하는 더운 지방에서 잘 나타난다.

지구 온난화로 빙하가 계속 녹고 있다.

👣 '빙하'의 '빙(氷)'은 '얼음'의 의미가 있어요. 글자 블록을 활용하여 '얼음'이라는 의미로 '빙' 자를 사용하는 어휘를 만들어 보세요.

(만든 어휘 :   )

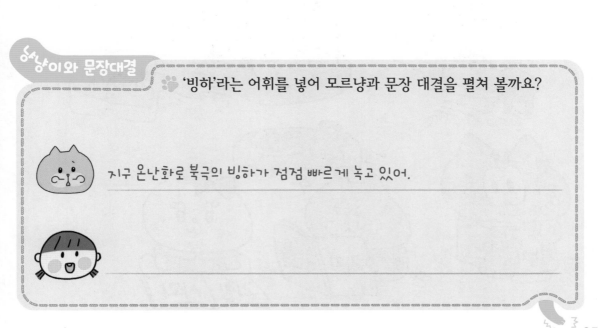

야옹이와 문장대결

👣 '빙하'라는 어휘를 넣어 모르냥과 문장 대결을 펼쳐 볼까요?

지구 온난화로 북극의 빙하가 점점 빠르게 녹고 있어.

어휘랑 놀자
45
초성퀴즈

생명을 가지고 스스로 생활 현상을 유지하여 나가는 물체를 무엇이라고 할까요?

ㅅ ㅁ ⇒ ☐ ☐

어휘의 관계

🐾 다음 중 어휘의 관계가 <u>다른</u> 책을 들고 있는 냥냥이를 쓰세요.

생물 동물

학용품 지우개

병원 치과

자동차 자전거

과자 홈런볼

과일 사과

다음 글자 판에는 우리 주변에서 볼 수 있는 생물(동물, 식물)의 이름 6가지가 숨어 있어요.
어떤 생물의 이름이 보이나요?

리	카	놀	스	유	고	호	시
본	냥	참	오	자	영	랑	관
여	해	디	스	차	신	이	우
우	바	스	코	야	공	궁	필
드	라	이	어	끼	화	달	연
사	기	도	서	관	리	지	만

내가 찾은 식물

내가 찾은 동물

냥이와 문장대결

'생물'이라는 어휘를 넣어 어쩌냥과 문장 대결을 펼쳐 볼까요?

물과 공기가 없다면 지구상의 생물들은 살 수가 없을 거야.

97

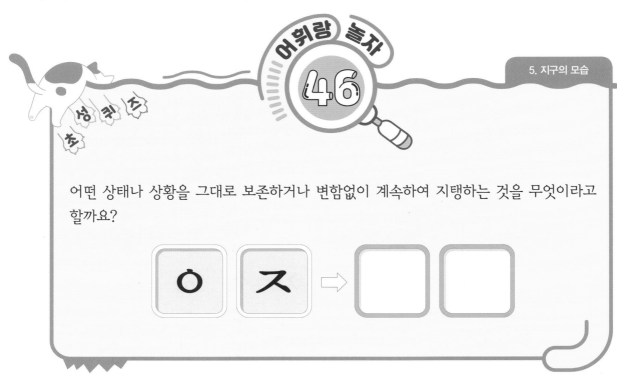

어떤 상태나 상황을 그대로 보존하거나 변함없이 계속하여 지탱하는 것을 무엇이라고
할까요?

ㅇ ㅈ ⇨ ☐ ☐

'유지'와 함께 쓸 수 있는 어휘에는 무엇이 있을까요? 다음 비눗방울 중 세 개를 골라 '○○
유지'와 같이 써 보세요.

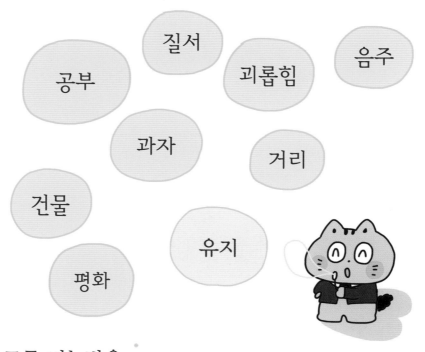

내가 고른 비눗방울

 '유' 자로 시작하는 말은?

🐾 '유지'의 첫 글자인 '유' 자로 시작하는 어휘를 찾아 써 보세요. "유~ 유~ 유 자로 시작하는 말~"

유료

유죄

유머

냥이와 문장대결

🐾 '유지'라는 어휘를 넣어 괜찬냥과 문장 대결을 펼쳐 볼까요?

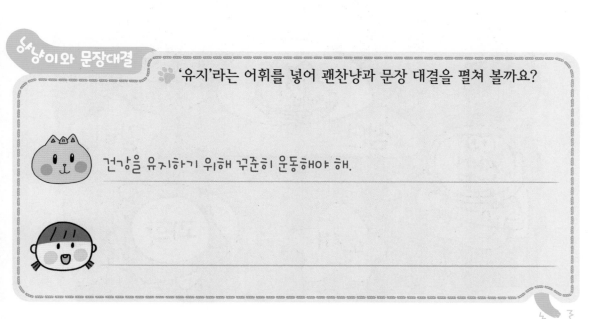

건강을 유지하기 위해 꾸준히 운동해야 해.

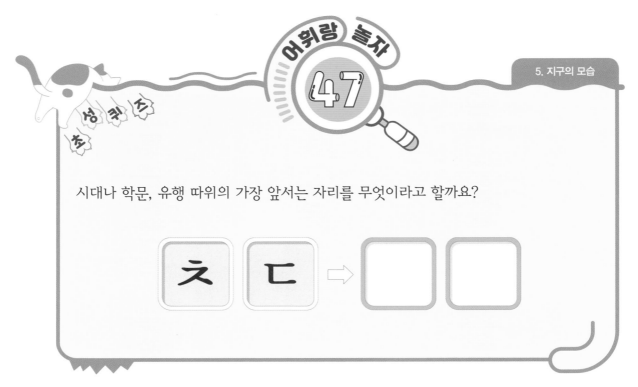

어휘랑 놀자 47

초성 퀴즈

시대나 학문, 유행 따위의 가장 앞서는 자리를 무엇이라고 할까요?

ㅊ ㄷ ➡ ☐ ☐

어울리는 어휘 찾기

🐾 어쩌냥이 우주선을 타고 달에 간대요. 그런데 '첨단'과 함께 쓸 수 있는 어휘를 우주선에 넣어 가려고 해요. 어쩌냥이 넣을 수 있는 어휘를 모두 찾아 ○표 하세요.

기술 · 시장 · 노래 · 첨단 · 장비 · 산업 · 소재 · 과학

정답 119쪽

끝말잇기

냥냥이들이 끝말잇기 게임을 하고 있어요. 함께 기차 각 칸에 연결되는 말을 적어 볼까요?

냥냥이와 문장대결

'첨단'이라는 어휘를 넣어 알갓냥과 문장 대결을 펼쳐 볼까요?

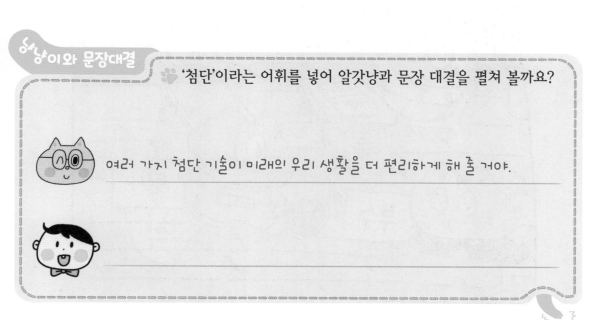

여러 가지 첨단 기술이 미래의 우리 생활을 더 편리하게 해 줄 거야.

101

어휘랑 놀자

48

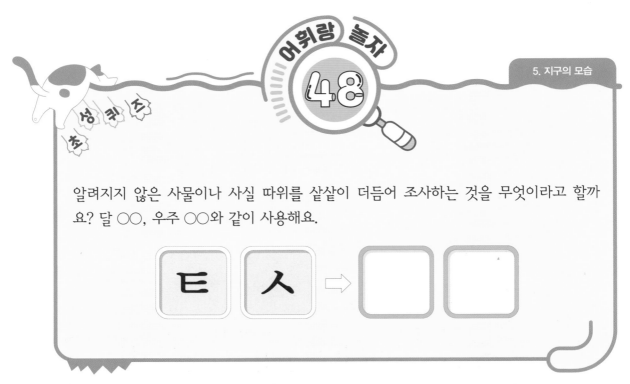

알려지지 않은 사물이나 사실 따위를 샅샅이 더듬어 조사하는 것을 무엇이라고 할까요? 달 ○○, 우주 ○○와 같이 사용해요.

ㅌ ㅅ ⇒ ☐ ☐

보물찾기

냥냥이 친구들이 선생님께서 교실에 숨겨 둔 보물을 찾고 있어요. '알려지지 않은 사물이나 사실 따위를 빠짐없이 조사하는 것'이란 뜻을 가진 어휘를 찾으면 선물을 받을 수 있대요. 선물을 받을 수 있는 냥냥이는 누구인지 찾아 그림에 표시하세요.

글자 조합

🐾 괜찬냥이 꽃잎을 하나씩 조합하여 새로운 어휘를 만들고 있어요. 가운데에 있는 '탐' 자와
꽃잎의 글자를 연결하여 새로운 어휘를 만들어 써 보세요.

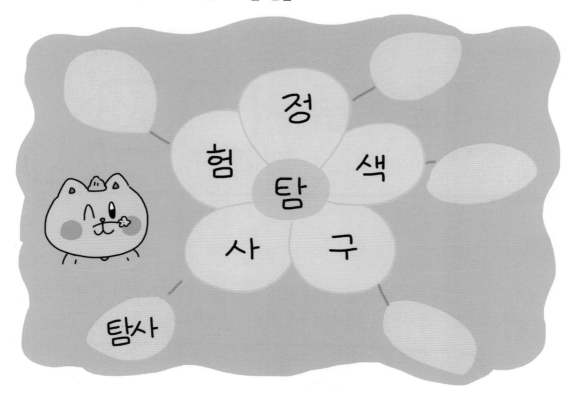

정

험 탐 색

사 구

탐사

냥이와 문장대결

🐾 '탐사'라는 어휘를 넣어 모르냥과 문장 대결을 펼쳐 볼까요?

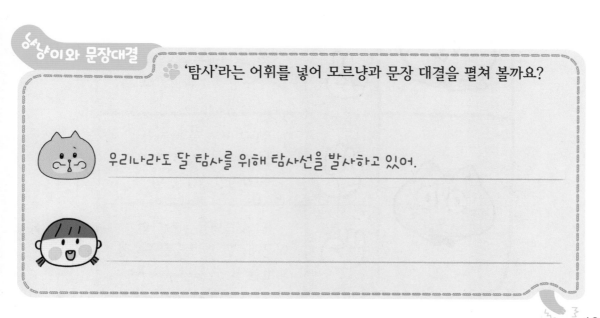

우리나라도 달 탐사를 위해 탐사선을 발사하고 있어.

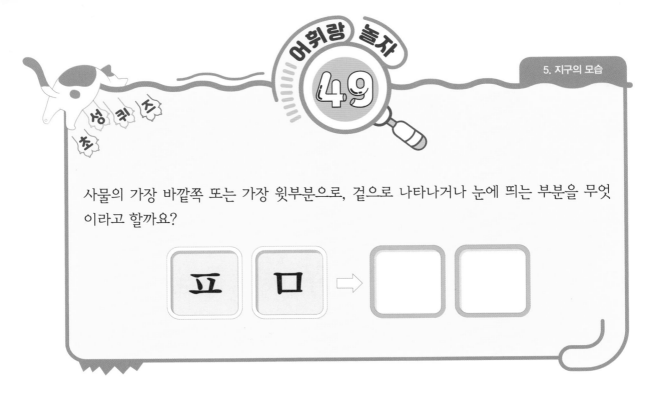

어휘랑 놀자 49

사물의 가장 바깥쪽 또는 가장 윗부분으로, 겉으로 나타나거나 눈에 띄는 부분을 무엇이라고 할까요?

ㅍ **ㅁ** ⇒ □ □

냥냥이와 가위바위보

🐾 예쁘냥과 머라냥이 가위바위보를 하려고 해요. 두 냥냥이는 다음의 설명 중 맞는 것을 가위바위보에서 낼 수 있어요. 가위바위보에서 이긴 냥냥이에 ○표 하세요.

(예쁘냥)	✊	달의 표면 중 밝은 곳을 달의 바다라고 한다. (O, X)
	✌	달의 표면에는 크고 작은 운석 구덩이가 많다. (O, X)
(머라냥)	✋	지구 표면 중 육지가 바다보다 더 많은 부분을 차지한다. (O, X)
	✊	달의 표면을 관찰하면 매끈매끈한 면과 울퉁불퉁한 면을 볼 수 있다. (O, X)

어휘 찾기

🐾 모르냥은 지구 표면의 다양한 모습을 살펴보고 있어요. 우리가 살고 있는 지구 표면에는 여러 가지 모습이 있는데, 모두 초성으로 되어 있어 모르겠대요. 우리가 모르냥을 도와줄까요?

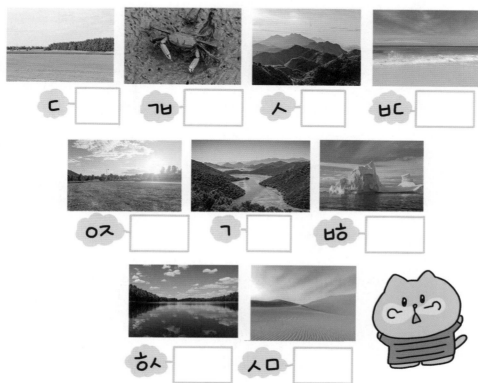

ㄷ ⬜   ㄱㅂ ⬜   ㅅ ⬜   ㅂㄷ ⬜

ㅇㅈ ⬜   ㄱ ⬜   ㅂㅎ ⬜

ㅎㅅ ⬜   ㅅㅁ ⬜

냥이와 문장대결

🐾 '표면'이라는 어휘를 넣어 예쁘냥과 문장 대결을 펼쳐 볼까요?

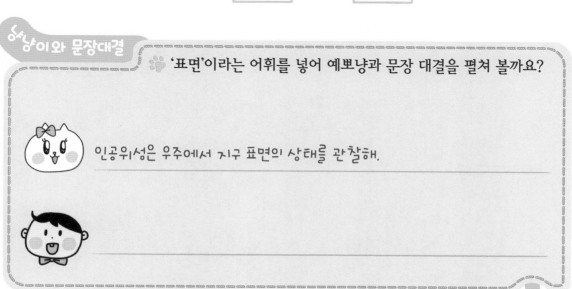

인공위성은 우주에서 지구 표면의 상태를 관찰해.

105

사물이나 현상이 없어졌거나 지나간 뒤에 남은 자국이나 자취를 무엇이라고 할까요?

ㅎ ㅈ ⇒ ☐ ☐

어울리는 서술어 찾기

'흔적'의 뜻을 잘 생각하며 어울리는 서술어를 모두 찾아 선으로 이어 주세요.

흔적

을   이   도

없이

없애다

돌리다

지우다   남다

보다

남기다   뚜렷하다

축구공을 넣어라

🐾 알갓냥이 운동장에서 축구를 하는데, 초성에 맞는 어휘만 골대에 들어간대요. 축구공에
초성에 맞는 어휘를 만들어 쓰세요.

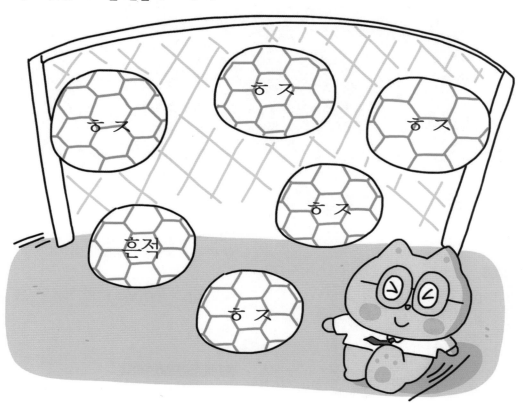

냥이와 문장대결

🐾 '흔적'이라는 어휘를 넣어 어쩌냥과 문장 대결을 펼쳐 볼까요?

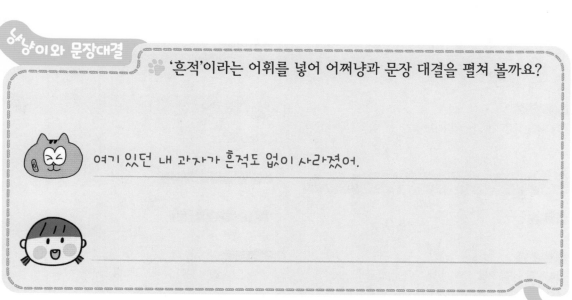

여기 있던 내 과자가 흔적도 없이 사라졌어.

정답 및 예시

채점 기준

초성 퀴즈	정확한 답 한 개만 정답이 될 수 있어요!
활동 퀴즈	'정답'을 묻는 문제라면 정확한 답인지 확인하고, '예시'를 찾는 문제라면 조건에 맞는지 확인하세요.
문장 대결	어휘가 문맥에 어울리는지, 위에 나온 예시 문장과 다른 점이 있는지, 문장의 형태를 갖추었는지 확인하세요.

01 감각   8쪽

초성 퀴즈

감각

어휘 퍼즐

현	미	각	귀	준	깍
갑	소	태	희	촉	명
강	명	검	시	각	코
상	을	사	하	경	입
각	청	소	손	후	공
일	호	수	영	화	각

선으로 연결하기

문장 대결

㉠ 나는 사고로 몸의 감각이 마비되어 통증을 느낄 수 없었어.

02 관찰   10쪽

초성 퀴즈

관찰

초성 퀴즈

㉠ 관찰, 경찰, 기초, 경치, 공책, 기체, 규칙 등

보물찾기

머라냥(관찰)

문장 대결

㉠ 우리는 양파가 자라는 과정을 관찰했어.

03 기준   12쪽

초성 퀴즈

기준

알맞게 사용한 냥냥이는?

예쁜냥

첫말잇기

㉠ 기도, 기억, 기회, 기분 등

문장 대결

㉠ 가스 배출량이 기준을 초과했어.

04 맥박   14쪽

초성 퀴즈

맥박

냥냥이의 금고를 열어라

390

줄기를 뜻하는 말 - 맥

동맥, 인맥 등

문장 대결

㉠ 긴장 때문에 몸이 떨리고 맥박이 빨라졌어.

무리   16쪽

초성 퀴즈
무리

어울리는 서술어 찾기

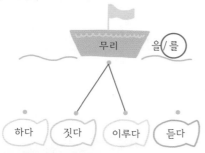

비슷한 말, 반대말 찾기

문장 대결
📝 밤하늘에는 별들이 무리를 지어 반짝이고 있어.

06 분류   18쪽

초성 퀴즈
분류

어휘의 활용 알기
알갓냥

호응하는 말을 찾아라!

문장 대결
📝 국립 미술관에서 유명한 화가들의 대표작을 시대별로
분류해 전시하고 있었어.

07 예상   20쪽

초성 퀴즈
예상

낚시하는 냥냥이
예견, 예측

냥냥이에게 옷 입히기

문장 대결
📝 이번 주말에는 태풍의 영향으로 많은 비와 바람이 예상돼.

08 의사소통   22쪽

초성 퀴즈
의사소통

친구 집에 가는 냥냥이

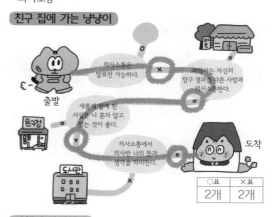

○표	×표
2개	2개

사행시 완성하기
📝 의 – 의사소통은
사 – 사람과 사람이 서로의 생각을 나눌 수 있는
소 – 소중한
통 – 통로이다

문장 대결
📝 벌들은 자신들의 몸짓을 이용해 의사소통을 해.

09 채집   24쪽

초성 퀴즈
채집

비슷한 말 찾기
수집

끝말잇기
㉔ (채집) – (집게) – (게시) – 시장 – 장소 – 소용 – 용기 –
기도 – 도장

문장 대결
㉔ 곤충 채집에 나선 아이들은 잠자리, 귀뚜라미와 같은
곤충을 잡았어.

10 추리   26쪽

초성 퀴즈
추리

어휘의 뜻 짐작하기

괜찮냥의 집은 어디일까요?

문장 대결
㉔ 그는 매우 날카로운 추리력으로 어떤 사건에서도 범인을
놓치지 않는 명탐정이야.

11 측정   28쪽

초성 퀴즈
측정

어울리는 어휘 찾기
길이 측정, 음주 측정, 혈압 측정

사다리 완성하기

연필의 길이   나의 체온   지우개의 무게

문장 대결
㉔ 비가 온 양을 측정한 것을 강수량이라고 해.

12 탐구   30쪽

초성 퀴즈
탐구

스마트폰의 비밀번호를 풀어라!
134568

어휘 퍼즐

사	희	탐	랑	난	색	진
염	탐	산	알	갓	냥	탐
오	르	냥	탐	구	말	과
탐	괜	찬	냥	달	탐	사
우	주	탐	험	성	미	학
태	양	정	랑	향	술	탐

찾은 어휘 : 탐색, 염탐, 탐구, 탐사, 탐험, 탐정
냥냥이 이름 : 알갓냥, 모르냥, 괜찬냥

문장 대결
㉔ 갯벌 체험을 통해 갯벌에 사는 동물들을 자세히 관찰
하고 탐구할 수 있었어.

13. 환기 32쪽

초성 퀴즈

환기

같은 어휘, 다른 뜻

① ㄴ, ② ㄱ, ③ ㄱ, ④ ㄴ

글자 블록 끼우기

🅐 변환, 교환, 환전, 환승

문장 대결

🅐 실내를 환기하지 않아 생선 구운 냄새가 방 안에 가득 차 있어.

14. 광택 34쪽

초성 퀴즈

광택

숨은그림찾기

광택이 나는 물건 : 숟가락, 칼, 냄비
숨어 있는 냥냥이 : 알갓냥, 예뽀냥, 머라냥

생일 선물은 뭘까요?

시계, 금속 열쇠고리, 금 목걸이

문장 대결

🅐 그는 광택이 나도록 가구를 닦고 있어.

15. 물질 36쪽

초성 퀴즈

물질

사다리 타기

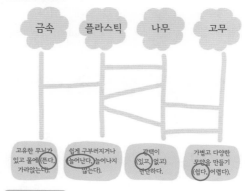

금속 / 플라스틱 / 나무 / 고무

고유한 무늬가 있고 물에(뜬다, 가라앉는다).

쉽게 구부러지거나 (늘어난다, 늘어나지 않는다).

광택이 (있고, 없고) 단단하다.

가볍고 다양한 모양을 만들기 (쉽다, 어렵다).

어휘의 관계

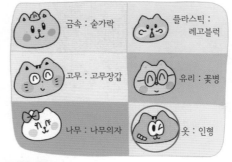

금속 : 숟가락

플라스틱 : 레고블럭

고무 : 고무장갑

유리 : 꽃병

나무 : 나무의자

옷 : 인형

문장 대결

🅐 소금은 물에 잘 녹는 물질이야.

16. 물체 38쪽

초성 퀴즈

물체

초성 퀴즈

🅐 마차, 마찰, 망치, 맞춤, 매체 등

꽃잎 완성하기

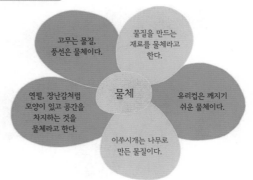

고무는 물질, 풍선은 물체이다.

물질을 만드는 재료를 물체라고 한다.

연필, 장난감처럼 모양이 있고 공간을 차지하는 것을 물체라고 한다.

물체

유리컵은 깨지기 쉬운 물체이다.

이쑤시개는 나무로 만든 물질이다.

문장 대결

㉠ 뒤에서 무엇인가 큰 물체가 떨어졌는지 엄청나게 큰 소리가 났어.

17 설계 40쪽

초성 퀴즈

설계

공통 어휘 찾기

설계

비슷한 말 찾기

문장 대결

㉠ 나는 멋진 배를 설계하는 것이 꿈이야.

18 성질 42쪽

초성 퀴즈

성질

깜빡한 어휘를 찾아라

길 찾기

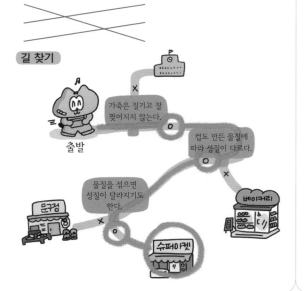

19 신소재 44쪽

초성 퀴즈

신소재

중간 말 잇기

㉠ (신소재) - (소고기) - (고양이) - (양배추) - 배나무 - 나사못 - 사다리 - 다과회 - 과학자

뜻을 더하는 말 - 신

문장 대결

㉠ 신소재가 들어간 전지는 다른 전지들에 비해 수명이 길어.

20 쓰임새 46쪽

초성 퀴즈

쓰임새

휴대 전화번호 뒷자리 알아맞히기

(5)421

어휘의 조합

모양		모양새	겉으로 보이는 모양의 상태
생김	+ 새 =	생김새	생긴 모양
차림		차림새	차린 모양, 옷이나 물건을 입거나 꾸려서 갖춘 상태
걸음		걸음새	걷는 모양

문장 대결

㉠ 호루라기는 간단한 도구이지만 쓰임새는 참 다양해.

112

21 친환경 48쪽

초성 퀴즈

친환경

'경' 자로 끝나는 말은?

예

신경	**배경**	현미경
변경	**친환경**	안경
망원경	**환경**	풍경

어휘의 쓰임 늘리기

친환경 자동차, 친환경 에너지, 친환경 농법, 친환경 주택, 친환경 상품, 친환경 플라스틱

문장 대결

예 우리 연구소에서는 친환경 교통수단을 개발하고 있어.

22 흡수 50쪽

초성 퀴즈

흡수

벌집 모양 끝말잇기

예

멀미 / 미흡 / 흡수 / 호흡 / 수영 / 수건 / 영상 / 영화 / 건조 / 조수 / 화장 / 장난 / 장소

반대말 찾기

예 열다 – 닫다, 찬성 – 반대, 켜다 – 끄다, 성공 – 실패

문장 대결

예 나무는 뿌리에서 땅속의 수분을 흡수해.

23 갓 52쪽

초성 퀴즈

갓

빵집에 간 냥냥이

이제 막 / 금세 / 방금 / 어제 / 금방 / 한참 전에

같은 어휘, 다른 뜻

예 배 – 먹는 배, 타는 배, 신체의 일부

다리 – 건너는 다리, 신체의 일부

차다 – 공을 차다, 차갑다

문장 대결

예 갓 구워 낸 고구마는 따끈따끈해.

24 곤충 54쪽

초성 퀴즈

곤충

어휘의 포함 관계 알기

예 곤충 – 배추흰나비 등

과일 – 사과, 배, 포도, 딸기 등

라면 – 컵라면, 신라면, 너구리, 진라면 등

학용품 – 필통 등

어휘 퍼즐

장	수	풍	뎅	이	고	청	잠
사	하	이	에	나	영	배	자
보	슴	리	메	차	신	추	리
쥐	떼	벌	놀	뚜	공	흰	강
사	마	귀	레	라	기	나	아
용	달	도	서	관	하	비	지

완전 탈바꿈 곤충 : 배추흰나비, 장수풍뎅이, 사슴벌레

불완전 탈바꿈 곤충 : 잠자리, 메뚜기, 사마귀

문장 대결

예 곤충 중에는 우리 생활에 이로운 것도 있고, 해로운 것도 있어.

도감 56쪽

초성 퀴즈
도감

어휘의 조합
(예)

도면

도화지
그림을 그리는 데 쓰는 종이

지도
지구 표면의 상태를 일정한
비율로 줄여 나타낸 그림

도 감

도로
도로에도 '도'가 들어가지만
그림을 뜻하는 말이 아니에요.

도형
그림의 모양이나 형태
(예) 삼각형, 사각형

도서
글과 그림으로 표현하여
적거나 인쇄하여 묶어 놓은 것

또 뭐가
있을까요?

도장
내 이름을 그림으로 만들어
문서에 찍도록 만든 물건

어휘 연결하기
갯벌 – 갯벌도감, 포켓몬 – 포켓몬도감, 물고기 – 물고기도감,
스포츠 – 스포츠도감, 버섯 – 버섯도감

문장 대결
(예) 나는 식물도감을 보고 새로운 식물의 이름을 익혔어.

---

26 멸종 58쪽

초성 퀴즈
멸종

멸종 위기 동물을 구해 줘!
도와줘요 친구들!

비슷한 말 찾기
절멸

문장 대결
(예) 코끼리는 멸종 위험이 가장 높은 동물로 분류돼.

---

27 번식 60쪽

초성 퀴즈
번식

동물의 번식 방법 알기
알로 번식하는 동물: 오리, 타조, 펭귄
새끼로 번식하는 동물: 호랑이, 코끼리, 사자

줄줄이 첫말잇기
(예) 번-(번개), 번데기, (번호), 번역 등
식-식탁, (식물), 식구, (식사) 등

문장 대결
(예) 생물은 종족의 보존을 위해 가능한 한 많이 번식하려는
본능을 지녀.

---

28 불완전 62쪽

초성 퀴즈
불완전

중간 말 잇기
(예) (불완전)-(완성품)-(성장기)-(장사꾼)-사마귀-마스크-
스포츠-포도주

어휘의 조합
(예)

불가능 :	가능하지 않음
불공정 :	공평하고 올바르지 아니함
불균형 :	균형이 맞지 아니함
불명예 :	명예스럽지 못함

문장 대결
(예) 곤충의 탈바꿈에는 번데기 단계를 거치는 완전 탈바꿈과
번데기 단계를 거치지 않는 불완전 탈바꿈이 있어.

---

29 사육 64쪽

초성 퀴즈
사육

초성 퀴즈
(예) 사이, 수업, 생일, 샤워 등

노트북의 비밀번호를 찾아라!
359

문장 대결
(예) 동물원에서 사육되고 있던 곰이 우리를 나온 사고가 있
었대.

30 암수   66쪽

초성 퀴즈

암수

사다리 타기

공통 어휘: 암수 / 딸기주스에 색칠

냥냥이와 가위바위보

		장수풍뎅이, 닭은 암컷과 수컷이 잘 구별되는 동물이다. (O, X⃝)
		곰은 암수가 함께 새끼를 돌본다. (O, X⃝)
		무당벌레, 붕어, 개는 암수가 잘 구별되지 않는 동물이다. (O⃝, X)
		닭과 공작은 암컷이 수컷보다 생김새가 더 화려하다. (O, X⃝)

문장 대결

㉠ 병아리는 암수를 구별하기 어려워.

31 완전   68쪽

초성 퀴즈

완전

비슷한 말 찾기

완벽, 무결함

끝말잇기

㉠ (완전) - (전구) - (구두) - 두부 - 부서 - 서명 - 명화 - 화가 - 가수

문장 대결

㉠ 전국을 휩쓴 태풍으로 인하여 통신이 완전히 마비되었어.

32 탈바꿈   70쪽

초성 퀴즈

탈바꿈

냥냥이와 함께 쿵쿵따 게임

㉠ (탈바꿈) - (꿈나무) - 무궁화 - (화장실) - 실내화 - 화요일

글자 조합

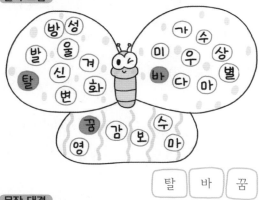

탈 바 꿈

문장 대결

㉠ 탈바꿈을 하고 나서 곤충의 몸집이 더 커졌어.

33 한살이   72쪽

초성 퀴즈

한살이

삼행시 완성하기

㉠ 한 - 한동안

살 - 살펴보니

이 - 이상한 점이 있어.

비슷한 말 찾기

생애, 일생, 평생, 한평생

문장 대결

㉠ 식물의 한살이를 관찰하려면 한살이 기간이 짧아야 해.

34 허물   74쪽

초성 퀴즈

허물

깜빡한 어휘를 찾아라

같은 어휘, 다른 뜻

(1) ㉠ (2) ㉡ (3) ㉡ (4) ㉠

문장 대결

㉠ 징그럽던 애벌레가 허물을 벗고 아름다운 나비가 되었어.

35 고정 76쪽

초성 퀴즈
고정

벌집 모양 끝말잇기

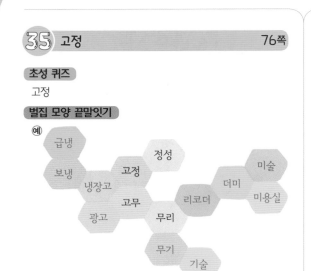

예
급냉
보냉
냉장고
고정
정성
광고
고무
리코더
더미
미술
미용실
무리
무기
기술

공통 어휘 찾기
고정

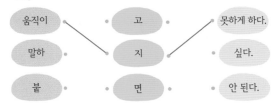

움직이 · · 고 · · 못하게 하다.

말하 · 지 · 싶다.

붙 · 면 · 안 된다.

문장 대결
예 바람에 문이 닫히지 않게 고정시켰어.

36 극 78쪽

초성 퀴즈
극

같은 어휘, 다른 뜻

자석에서 자력이 가장 센 양쪽 끝 — N S

어떤 정도가 더할 수 없을 만큼 막다른 지경 —

지축의 양쪽 끝 — 북극 남극

어휘 퍼즐

소	카	놀	라	유	고	청
상	드	지	각	역	영	화
생	라	디	오	사	신	버
쥐	학	교	책	박	수	원
드	레	스	어	그	컵	달
용	달	숙	제	과	하	지
사	말	향	다	학	교	구

문장 대결
예 자석은 같은 극은 밀어내고 다른 극은 끌어당기는 성질이 있어.

37 나침반 80쪽

초성 퀴즈
나침반

열기구 색칠하기

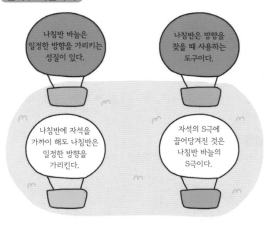

나침반 바늘은 일정한 방향을 가리키는 성질이 있다.

나침반은 방향을 찾을 때 사용하는 도구이다.

나침반에 자석을 가까이 해도 나침반은 일정한 방향을 가리킨다.

자석의 S극에 끌어당겨진 것은 나침반 바늘의 S극이다.

냥냥이와 함께 쿵쿵따 게임
예 (나침반) - (반딧불) - 불나방 - (방향제) - 제주도 - (도마뱀)

문장 대결
예 중국에서 처음 발명된 화약과 나침반은 유럽에 전해져서 실제 생활에 쓰였어.

38 날 82쪽

초성 퀴즈

날

축구공을 찾아라

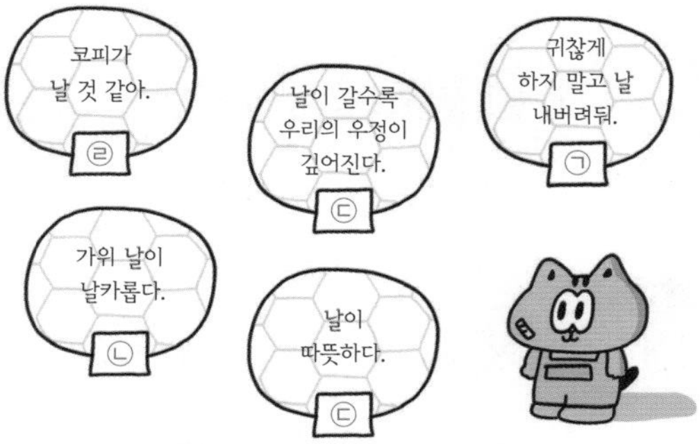

냥냥이에게 옷 입히기

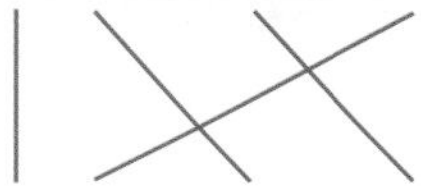

문장 대결

예 이 가위는 날이 너무 날카로워.

39 보완 84쪽

초성 퀴즈

보완

비슷한 말 찾기

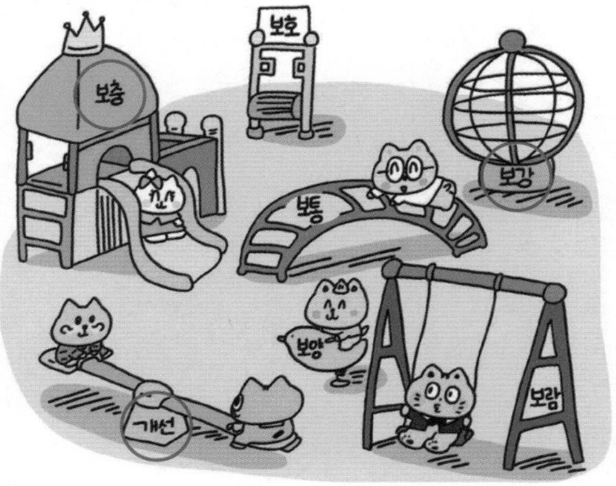

초성 퀴즈

예 배우, 붕어, 보완, 복어, 비염, 복원, 보유, 방위 등

문장 대결

예 기존 제품의 약점을 보완한 신제품이 출시됐어.

40 수거 86쪽

초성 퀴즈

수거

끝말잇기

예 (수거) – 거미 – (미역국) – 국수 – (수박) – 박자 – 자두 – 두부

어휘의 쓰임 늘리기

쓰레기 수거, 재활용품 수거, 헌 옷 수거, 증거물 수거, 빈 캔 수거, 분리수거

문장 대결

예 캔이나 우유갑은 재활용품 수거 대상이야.

41 위조지폐 88쪽

초성 퀴즈

위조지폐

공통 글자 찾기

위, 조, 지, 폐 / 위조지폐

색칠하기

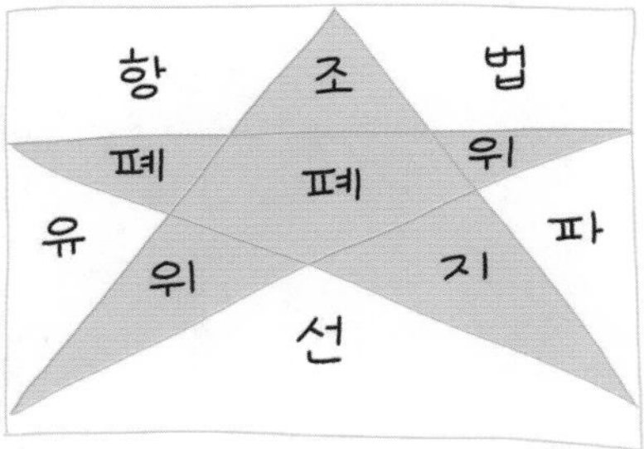

별 모양

문장 대결

예 한국은행은 세계적인 위조지폐 감식 능력을 가지고 있어.

42 회전 90쪽

초성 퀴즈

회전

낚시하는 냥냥이

회전목마 / 회전문 / 회전의자

(좌)회전 / 우회전 / 공중회전

'전' 자로 끝나는 말은?

예) 김치전 : 김치로 만든 부침개
접전
발전 : 점점 더 나아지는 것
사전 : 모르는 어휘가 있을 때 찾는 것
회전
충전
텔레비전
가전
정전 : 불이 꺼짐

문장 대결

예) 팽이는 한곳에서 얼마 동안 돌다가 회전을 멈췄어.

43 보전 92쪽

초성 퀴즈

보전

비슷한 말 찾기

보존, 보호, 유지

어휘 꽃바구니 만들기

예) 보 - 보수, 보도, 보호 등

존 - 존경, 존재 등

문장 대결

예) 환경을 잘 보전하여 후손들에게 지금의 자연을 그대로 물려주자.

44 빙하 94쪽

초성 퀴즈

빙하

북극곰을 구하라

기온 상승으로 빙하가 녹아 해안선에도 변동을 준다.

빙하는 우리나라에서 볼 수 있다.

지구 표면에는 산, 들, 강, 바다, 사막, 빙하가 있다.

빙하는 더운 지방에서 잘 나타난다.

지구 온난화로 빙하가 계속 녹고 있다.

글자 블록 끼우기

예) 박빙, 설빙, 빙수, 빙상, 결빙, 해빙, 빙정

문장 대결

예) 빙하가 이동을 하면 지형 따위의 영향으로 얼음에 큰 힘이 가해져.

45 생물 96쪽

초성 퀴즈

생물

어휘의 관계

어쩌냥

어휘 퍼즐

리	카	놀	스	유	고	호	시
본	냥	참	모	자	영	랑	관
여	해	디	스	차	신	이	무
우	바	스	코	야	공	궁	필
드	라	이	어	끼	화	달	연
사	기	도	서	관	리	지	만

내가 찾은 식물: 코스모스, 무궁화, 해바라기

내가 찾은 동물: 여우, 코끼리, 호랑이

문장 대결

예) 겨울을 날 생물들은 겨우살이 준비를 시작했어.

46 유지 98쪽

초성 퀴즈

유지

어울리는 어휘 찾기

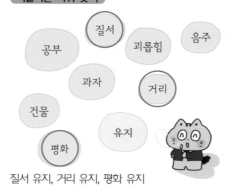

공부
질서
괴롭힘
음주
과자
거리
건물
유지
평화

질서 유지, 거리 유지, 평화 유지

'유' 자로 시작하는 말은?

예 유도, 유화, 유자, 유령, 유치 등

문장 대결

예 건강을 유지하는 방법은 꾸준한 운동뿐이야.

47 첨단 100쪽

초성 퀴즈

첨단

어울리는 어휘 찾기

기술, 산업, 소재, 과학, 장비

끝말잇기

예 (첨단) – 단추 – 추수 – 수동 – 동전 – 전시

문장 대결

예 첨단 기술을 활용한 자동차가 개발되고 있어.

48 탐사 102쪽

초성 퀴즈

탐사

보물찾기

글자 조합

문장 대결

예 이번 탐사는 세계 최초라는 점에서 의미가 커.

49 표면 104쪽

초성 퀴즈

표면

냥냥이와 가위바위보

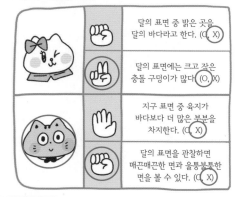

어휘 찾기

ㄷ 들   ㄱㅂ 갯벌   ㅅ 산   ㅂㄷ 바다

ㅇㅈ 육지   ㄱ 강   ㅂㅎ 빙하

ㅎㅅ 호수   ㅅㅁ 사막

문장 대결

예 참외의 표면이 매끄럽고 윤기가 나.

50 흔적 106쪽

초성 퀴즈

흔적

어울리는 서술어 찾기

흔적을 없애다, 흔적을 지우다, 흔적을 남기다 / 흔적이 남다,
흔적이 뚜렷하다 / 흔적도 없이

축구공을 넣어라

예 학자, 한자, 한지, 함정, 화장, 훈장, 휴지, 해적, 환자 등

문장 대결

예 지진과 해일 때문에 건물이 흔적도 없이 사라졌어.

1판 1쇄 펴냄 | 2023년 1월 5일

기 획 | 이은경
글 | 이은경·박명선
그 림 | 김재희
발행인 | 김병준
편 집 | 이현주·박유진
마케팅 | 김유정·차현지
디자인 | 김용호·권성민
발행처 | 상상아카데미

등록 | 2010. 3. 11. 제313-2010-77호
주소 | 서울시 마포구 독막로 6길 11(합정동), 우대빌딩 2, 3층
전화 | 02-6953-8343(편집), 02-6925-4188(영업)
팩스 | 02-6925-4182
전자우편 | main@sangsangaca.com
홈페이지 | http://sangsangaca.com

ISBN 979-11-85402-74-1 (64080)
        979-11-85402-70-3 (64080) (세트)